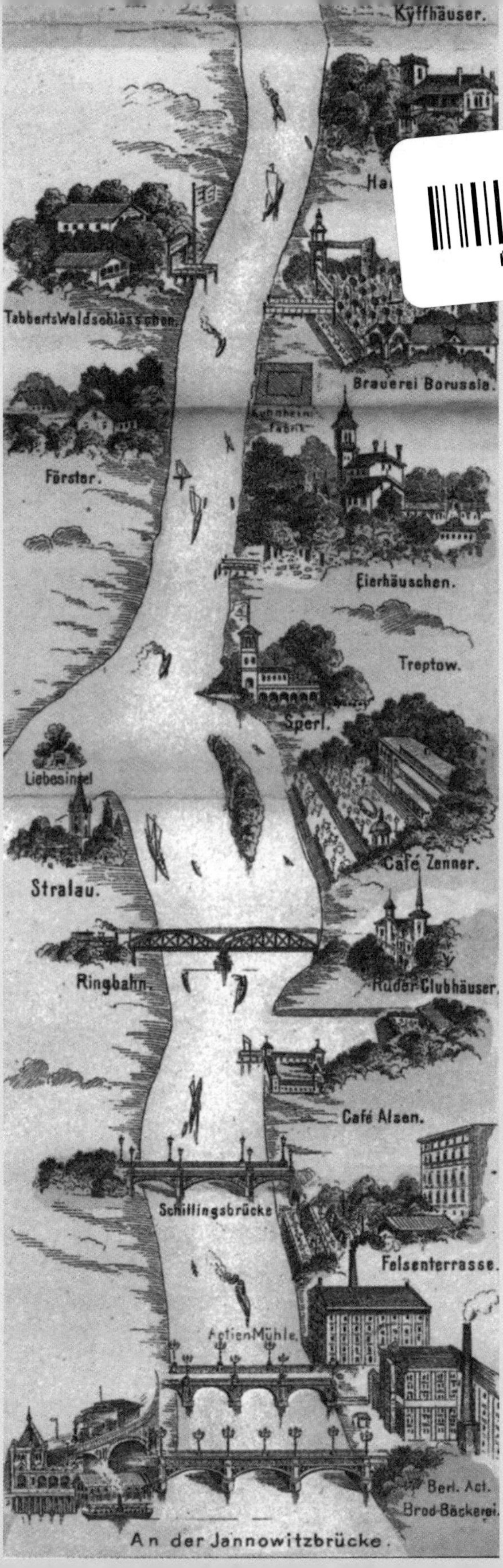

Kyffhäuser.
Tabberts Waldschlösschen.
Brauerei Borussia.
Förster.
Eierhäuschen.
Treptow.
Sperl.
Liebesinsel
Stralau.
Café Zenner.
Ringbahn.
Ruder-Clubhäuser.
Café Alsen.
Schillingsbrücke
Felsenterrasse.
Actien-Mühle.
Berl. Act.
Brod-Bäckerei.
An der Jannowitzbrücke.

Carl-Peter Steinmann

Im Fluss der Zeit

Geheimnisse links und rechts der Spree

: TRANSIT

Inhalt

Vorwort
7

Auf dem Weg nach Berlin,
rettende Fischer, tollkühne Aviatiker
und acht Morde bey der schönen Weyde
Zwischen Dämeritzsee und Schöneweide
9

Nesthäkchen und Fontane im Eierhäuschen
Vom Plänterwald zur Oberbaumbrücke
34

Konzerte im Liegen und ein vergessenes Schloss
Zwischen Osthafen und Schloss Monbijou
60

Wo ist Fontanes Verlobungsbrücke geblieben?
Von der Friedrichstraße zum Luisenplatz
87

Gespräche mit Geistern und die flotten Geschäfte von Tante Agnes
Zwischen Schloss Charlottenburg und der Spreemündung
116

Quellenhinweise
141

Bildquellen
Über den Autor
143

Nennt man Berlin auch schönheitsarm
auf märk'schem Sand und See,
die Herzen schlagen doppelt warm
am grünen Strand der Spree.
August Conradi

Vorwort

«Die Stadt hat, vom Wasser aus gesehen, eine andere Physiognomie; eine intimere und ehrfürchtigere zugleich. (...) Die verborgenen Heimlichkeiten alter Häuser und neuer Mietskasernen offenbaren sich der Wasserseite. Höfe, Gänge, Balkons, alte Tore, Misthaufen, Intimitäten jener Häuser, die der lauten Straße gegenüber verschlossen und diskret sind. Vor der Verschwiegenheit des Wassers dürfen sie sich im Negligé zeigen.» (Joseph Roth, 1921)

Neben der Havel ist die Spree die zweite große, natürliche Wasserstraße Berlins. Anders aber als die Havel, die westlich am alten Berlin vorbeifloss und nicht das historische Stadtgebiet berührte, wählte die Spree schon immer ihren Weg mitten durch die Stadt. Mal als Grenze zwischen Berlin und Cölln, dann als Bindeglied zwischen den beiden Schwesterstädten. Ab 1920 wurde ihr Weg durch die Stadt erheblich verlängert, denn seither fließt sie durch Groß-Berlin, während die Havel sich nur durch die Außenbezirke der neuen Stadt bewegt. Mit dem Mauerbau 1961 wurde die Spree an einigen Stellen zur schmerzhaft teilenden Grenze zwischen Ost und West. Als dann, nach 28 Jahren, die Mauer endlich fiel, rückte die Spree bald wieder stärker in das Bewusstsein der Berliner. So ist es nicht verwunderlich, dass nach dem Regierungsumzug von Bonn nach Berlin das neue Regierungsviertel genau in dem Spreebogen entstand, der zuvor die Stadt teilte. Auch ist die Entwicklung Berlins links und rechts an den Ufern der Spree besonders deutlich zu beobachten. Tummeln sich die meisten Touristen zwischen dem Hackeschen Markt und dem Kollwitzplatz, haben viele Künstler und die sogenannten «Kreativen» dort längst das Weite gesucht und die Spreeufer für sich und ihre Aktivitäten entdeckt.

Die großen Veränderungen und Entwicklungen im Bereich der Spree waren für mich Ansporn, den Weg des Flusses innerhalb der Berliner Stadtgrenzen genauer zu verfolgen. Nicht weit von Neuseeland (bei Erkner) entfernt, verlässt die Spree das Land Brandenburg, um sich nun 47 Kilometer durch das Berliner Stadtgebiet zu schlängeln. Auf diesem Weg von Ost nach West fließt sie unter 57 Brücken hindurch, bevor sie dann, nah der Spandauer Altstadt, sich mit der Havel vereint. Wie an einer Perlenschnur reiht sich spreeabwärts die Geschichte von Orten, Landschaften, Häusern und Menschen aneinander.

Die Spree ist kein schneller Fluss. Sie lässt sich Zeit, und Binnenschiffer sagen, dass sie manchmal sogar rückwärts fließt. Die durchschnittliche Fließgeschwindigkeit beträgt knapp 17 Kilometer pro Tag. Ein selbstgebasteltes Papierschiffchen braucht so von der östlichen Stadtgrenze bis zur Mündung in die Havel immerhin fast drei Tage. Wenn Sie möchten, ergreifen Sie den roten Faden, den die Spree bietet und folgen sie ihr und meinen Beschreibungen zu Fuß, mit dem Rad oder dem Ausflugsschiff – denn seit mindestens hundert Jahren gehen in jedem Sommer mehr Passagiere an Bord der Ausflugsschiffe als Berlin Einwohner hat.

Auf dem Weg nach Berlin
Rettende Fischer, tollkühne Aviatiker
und acht Morde bey der schönen Weyde

Zwischen Dämeritzsee und Schöneweide

Die Spree zeigt sich uns erstmals am Südhang des Berges Kottmar, in den Wäldern des Oberlausitzer Berglandes. In der rauen, aber reizvollen Landschaft im Länderdreieck Deutschland, Polen und Tschechien tritt der Fluss bei 499 Metern Höhe als kleines Rinnsal an die Oberfläche. Um den wahren Quellort wird seit Jahrzehnten unter den Lausitzgemeinden Ebersbach, Neugersdorf und Walddorf gestritten. Der Streit wird dabei so erbittert geführt, dass es für den Quell-Sucher nicht einfach ist eine dieser Quellen zu finden, da die Hinweisschilder «Zur Spreequelle» anscheinend sofort nach Anbringung wieder gestohlen werden. Sicher ist nur, das sich das Wasser aller drei Quellen nach wenigen Kilometern vereint und sich langsam zu einem Fluss entwickelt, der über Bautzen, Spremberg und Cottbus fließt, um sich dann im Spreewald in unzählige Arme aufzuteilen. Nach dem Spreewald geht es weiter über Schlepzig, Beeskow, Fürstenwalde und Neu Zittau.

Wenn die Spree in den Dämeritzsee einfließt, ist die Stadtgrenze Berlins erreicht. Eine schmale Landzunge bildet den Rahmen, bevor der Fluss sich in den See ergießt. Aber gleich hinter dem Zufluss findet die Spree sofort wieder einen Ausgang und verlässt den See auf dem schnellsten Wege, um sich, nun wieder selbstbestimmt, in gemächlichem Tempo auf den Weg nach Rahnsdorf zu machen. In ihren Altarm münden zuvor noch zwei wichtige Wasserverbindungen, der Gosener Graben und gleich dahinter der Gosener Kanal. Letztgenannter war für die Entwicklung Berlins besonders wichtig. Auf ihm fuhren seit seiner Einweihung unzählige, mit Kalk beladene Frachtschiffe, die von Rüdersdorf zum Oder-Spree-Kanal unterwegs waren. Eine willkommene Abkürzung für die Binnenschiffahrt.

Rüdersdorf, so heißt es scherzhaft, ist das «Loch», aus dem halb Berlin gebaut wurde. So übertrieben das klingt, ist es doch nicht unwahr. Seit mehr als 750 Jahren graben sich dort Bergleute durch die Gesteinsschichten. Zurück blieb eine riesige Grube, etwa vier Kilometer lang und einen Kilometer breit. Vor mehr als 140 Jahren hatte die Grube eine Tiefe von dreißig Metern erreicht, was dem Grundwasserspiegel entspricht. Inzwischen liegt der Grund der Grube bei neunzig Metern. Riesige Kalksteinblöcke und unvorstellbare Mengen an Kalk zur Herstellung von Mörtel, Zement und Beton wurden in der Vergangenheit nach Berlin transportiert, der größte Teil davon auf dem Wasserweg. Der Untere Muschelkalk gehört zur Triasformation, ein Erdzeitalter, rund 240 Millionen Jahre zurückliegend, als ein flaches Randmeer große Teile Mitteleuropas bedeckte. Zwischen 1804 und 1827 wurden für die Transportschiffe vier Zubringerkanäle gebaut. So konnten die Schiffe bis in die Grube hineinfahren, wo sie in kürzester Zeit beladen wurden, um sich dann sofort wieder über Kanäle und die Spree auf den Weg nach Berlin zu machen.

Da, wo der Alte Spreearm in die Müggelspree übergeht, beginnt das Müggelland. Rechts der Ortsteil Hessenwinkel und gleich dahinter beginnt Neu-Venedig – ein Freizeitidyll. Das Spreewasser speist eine stattliche Anzahl von Gräben und Kanälen und erinnert ein wenig an die echte Lagunenstadt. Fast alle Grundstücke sind vom Wasser aus zu erreichen. Wer hier wohnt oder seine Freizeit verbringt, nennt auch ein Wasserfahrzeug sein eigen. Zur Laube gehört ein Ruderkahn, zum stattlichen Einfamilienhaus ein kleines Motor- oder Segelboot. Villenbesitzer schmücken sich in der Regel mit einer entsprechend höher motorisierten Jacht. Ähnlich auch der Größenunterschied bei den Parkplätzen. Wer sein Auto nicht auf der Straße, sondern lieber unter einem Carport abstellt, parkt sein Boot in einem kleinen selbstgegrabenen Stichkanal, Garagenbesitzer hingegen bauen sich zur Wasserseite ein stabiles Bootshaus.

Rialtoring heißt die Hauptstraße von Neu-Venedig. Hier hat man sich stilecht am italienischen Vorbild orientiert, während die anderen Straßen mit Namen wie Kuckucksteig, Schwanenweg oder Bachstelzenweg sehr nach Gartenzwerghausen klingen. Wer denkt, dass die reizvolle Wasserlandschaft mit ihren vielen kleinen Kanälen natürlichen Ursprungs ist, der irrt gewaltig. Neu-Venedig entstand erst 1924 auf den einstigen Feuchtwiesen des Gutes Rahnsdorf. Damals begannen Wassersportler mit dem Bau von Kanälen, Uferbefestigungen und Brücken.

Wenn sich die Spree gemächlich dem Müggelsee nähert, ist der Dorfkern von Rahnsdorf, einem einstigen Fischerdorf, erreicht. Die ersten, die den Fischreichtum in Spree und Müggelsee schätzten, waren Wenden. Die dokumentierte Geschichte beginnt mit dem Landbuch aus dem Jahr 1375. Dort ist nachzulesen, dass Rahnsdorf an Schloss Köpenick für die Fischereirechte auf dem See Zins abführen musste. 1722 kam das Fischerdorf dann durch Tausch an den Geheimen Oberfinanzrat von Marschall, dem damit fast alle Ländereien nördlich der Müggelspree gehörten. 110 Jahre blieb das Dorf im Besitz der Familie Marschall, dann erwarb es Heinrich von Treskow, Herr auf Dahlewitz.

Das Dorf, ein sogenannter Rundling, ist in seiner ursprünglichen Struktur noch vollständig und in seiner Winzigkeit geradezu archetypisch erhal-

Neu-Venedig

ten. Die in der Mitte etwas erhöht thronende Kirche wird von der Dorfstraße umschlossen. An den äußeren Rändern der Straße stehen eine Handvoll Häuschen. Es gibt wohl kein anderes Dorf in Berlin, das seine Eigenart so behalten hat und das, obwohl zwei Großfeuer, 1860 und 1872, große Teile des Dorfes in Schutt und Asche legten. Die Dorfkirche aus dem späten 19. Jahrhundert ist das Rahnsdorfer Wahrzeichen. Nah dem Gotteshaus erinnern Gedenksteine an die Fischer Karl Lupe und August Herrmann. Beide haben aus dem Müggelsee nicht nur Fische gezogen, sondern auch viele Menschen vor dem Ertrinken gerettet. Allein Karl Lupe (1853-1930) hat 138 Menschen vor dem Tod bewahrt.

Auf dem kleinen Friedhof bei der Kirche ist aber auch das Grab des Rahnsdorfer Fischers Carl Ludwig Fahlenberg zu entdecken, der 1863, im Alter von nur 27 Jahren, tot aus der Spree gezogen wurde. Sein gusseisernes Grabkreuz erinnert auf der Rückseite mit einem kleinen Vers an den Tod des Fischers:

Das Wasser war mein Sterbebette,
am Abend war mein letzter Tag,
vergebens rief ich: «Rette! Rette!»
weil niemand mich ertrinken sah.
Da schlief ich denn in Angst und Pein,
so nach und nach im Wasser ein!

Nach dem Ertrunkenen ist im Ortsteil Hessenwinkel eine Straße benannt.

Die Fischerei spielt in Rahnsdorf schon lange keine Rolle mehr. Nach dem Ersten Weltkrieg lebte nur noch eine Handvoll Männer von dem Beruf, und

Anfang der achtziger Jahre verstarb der letzte hauptberufliche Fischer. Wegen seiner idyllischen Lage zog Rahnsdorf schon immer zahlreiche Sommerfrischler und Erholungssuchende an. In der zweiten Hälfte des 19. Jahrhunderts entstanden verstreut, um das alte Dorf herum, etliche Villen für wohlhabende Berliner, die in der heißen Jahreszeit mit ihren Familien hier die Ferien verbrachten.

Gleich hinter der Kirche führt die Kruggasse zur Spree und zu einer BVG-Haltestelle direkt am Wasser. Die Berliner Verkehrsbetriebe wickeln den Nahverkehr nicht nur mit U-Bahn, Straßenbahn und Bussen ab, sondern auch mit sechs Fähren. Der Fahrgast benötigt dazu nur den ganz normalen Fahrschein. Zwei dieser Fähren verkehren in Rahnsdorf. Die F 23 sieht aus wie ein kleiner Ausflugsdampfer. Sie überquert nicht nur die Spree zwischen Rahnsdorf und Müggelwerder, sie legt dazwischen auch noch in Müggelhort und Neuhelgoland an.

Die F 24 ist die ungewöhnlichste Fähre, die ihren Dienst auf der Spree versieht – ein Ruderboot mit Namen Paule III. Aber keine Angst, Sie müssen hier nicht selbst in die Riemen greifen, das erledigt der Fährmann. Seit fünf Jahren ist das Ronald Kebelmann, der schon als Kind, wie viele Kinder, wenn sie nicht Lokomotivführer oder Feuerwehrmann werden wollen, vom Kapitänsdasein träumte. Vermutlich sah er sich damals in schmucker, weißer Uniform und mit dem Fernglas in der Hand auf der Brücke eines Ozeanriesen stehen. Daß er etliche Jahre später einmal die kleinste Fähre Berlins bedienen sollte, damit hat er nach eigener Aussage nicht gerechnet.

Kebelmann ist eigentlich gelernter Maschinist für Wärmekraftwerke. Dann folgte er dem Ruf der DDR-Volksarmee und kam zur Marine. Nach der Militärzeit kehrte er wieder in seinen erlernten Beruf zurück. Dann kam die Wende und es erging ihm wie sehr vielen DDR-Bürgern. Sein Arbeitgeber wurde «abgewickelt» und der Weg führte zum Jobcenter, das damals noch Arbeitsamt hieß. In den folgenden Jahren arbeitete er in den unterschiedlichsten Berufen, immer da, wo gerade zwei kräftige Hände gefragt waren. Dann bot man ihm eine Saisonanstellung auf einer Fähre an. Durch seine Marineausbildung erfüllte er die Voraussetzungen spielend und übernahm 2002 Paule III.

In den Sommermonaten verkehrt die Fähre täglich außer Montags zwischen zehn und 18 Uhr, immer zur vollen Stunde. Wenn Kebelmann aber sieht, daß sich schon vorher mehrere Leute an der Haltestelle einfinden, dann rudert er auch schon mal eine Zwischenrunde. Acht Personen oder vier Fahrräder mit vier Personen finden auf dem Ruderboot Platz. Die Fahrt zum BVG-Kurzstreckentarif dauert, je nach Windstärke, so um die fünf Minuten.

Kebelmann und die Fähre Paule III

Seinen persönlichen Tagesrekord stellte Kebelmann an einem Vatertag auf, als er nahezu 400 Personen und 150 Fahrräder ans andere Ufer ruderte. An diesem Abend spürte der überaus kräftig gebaute Fährmann erstmals seine Hände und Arme und am nächsten Morgen einen stattlichen Muskelkater. Es gibt aber auch total verregnete Tage, an denen die F 24 keinen einzigen Fahrgast auf die andere Seite bringt. Kebelmann sitzt dann in seinem winzigen Aufenthaltsraum und schaut aus dem Fenster auf die langsam dahinfließende Spree.

Besucher, die erstmals eine der beiden Rahnsdorfer Fähren benutzen, sind von der Idylle begeistert und meinen, dass die Fährleute doch den schönsten Arbeitsplatz Berlins haben – täglich wie im Urlaub. Kebelmanns Kollege, der die motorisierte F 23 fährt, berichtet gerne von einer Frau, deren Begeisterung über die Landschaft und die vielfältige Vogelwelt so riesig war, daß sie beschloss, einen halben Tag lang auf der Fähre immer hin und herzufahren. Anfangs vernahm der Fährmann regelmäßige Laute der Freude und Begeisterung über das, was sich ihrem Auge bot. Nach einer Viertelstunde war davon nichts mehr zu hören, die Frau widmete sich nun mit großem Interesse ihrer Zeitung.

In regelmäßigen Abständen taucht immer wieder das Gerücht auf, dass eine Brücke gebaut werden soll, die den Dorfanger von Rahnsdorf mit den Müggelheimer Wiesen verbinden soll. Zum Glück blieb es bisher immer bei Gerüchten, denn eine Brücke würde die Idylle des kleinen Dorfes zerstören und einen ganz besonderen Arbeitsplatz vernichten – den von Ronald Kebelmann.

Schlagzeilen hat Rahnsdorf nicht oft gemacht. Zwei Unglücksmeldungen erschütterten aber ganz Berlin. 1899 ereignete sich ein schwerer Bootsunfall auf dem Müggelsee, bei dem 16 Menschen den Tod fanden. Dieser Unfall war Auslöser, eine «Rettungsgesellschaft der Wassersportvereine von Berlin und Umgebung» zu gründen. Trotz dieser ehrenamtlichen Lebensretter sind jedes Jahr mehrere Todesfälle zu beklagen, da viele Wassersportler die Gefährlichkeit des Müggelsees unterschätzen. Urplötzlich und ohne Vorankündigung entstehen auf dem See Luftwirbel, die erstaunlich kräftige Wellen erzeugen, die schon viele Freizeitkapitäne in Seenot brachten.

Das zweite Unglück ereignete sich am 11. November 1916, mitten im Ersten Weltkrieg. Da die meisten Männer im arbeitsfähigen Alter an den unterschiedlichsten Kriegsfronten kämpften, wurden nun auch Frauen zu körperlicher Schwerarbeit eingesetzt. So war an diesem nebeligen Novembertag an der Bahnstrecke zwischen den Bahnhöfen Rahnsdorf und Wilhelmshagen eine Gruppe von Frauen aus Schlesien mit Reparaturarbeiten an den Bahngleisen beschäftigt.

Als auf einem Nachbargleis ein aus Fürstenwalde kommender Militär-Urlauberzug vorbeifuhr, winkten die jungen Arbeiterinnen und scherzten mit den am offenen Fenster stehenden Soldaten. Durch die willkommene Ablenkung von der schweren Arbeit überhörten die zwischen 17 und 27 Jahre alten Frauen das Signal der Sicherheitsposten, das den um 8.56 Uhr aus Berlin kommenden «Balkanzug» ankündigte. Als der Lokomotivführer die drohende Gefahr erkannte, war das Unglück nicht mehr zu verhindern. Mit einer Geschwindigkeit von achtzig Stundenkilometern raste der Zug in die Gruppe der Frauen und kam erst hundert Meter hinter der Unglücksstelle zum Stehen. Den später eintreffenden Rettungskräften bot sich ein Bild des Grauens. Überall Blut und abgetrennte Körperteile entlang der Gleise. Von den 26 Frauen waren 19 auf der Stelle tot. Besonders tragisch war das Schicksal des 47-jährigen Schachtmeisters Joseph Cegla, der als Sicherheitsposten eingesetzt war. Ihm gelang es noch in letzter Sekunde, zwei Arbeiterinnen von den Gleisen zu stoßen und so zu retten. Seine eigene Tochter aber, die wenige Meter von ihm entfernt stand, wurde vor seinen Augen vom Zug überrollt.

Die Opfer, sie stammten größtenteils aus dem schlesischen Deutsch-Rasselwitz (heute Raclavice Slaskie) und Türkwitz (heute Stradomia), wurden fünf Tage nach dem Unglück unter großer Anteilnahme der Bevölkerung in einem Gemeinschaftsgrab auf dem Rahnsdorfer Friedhof an der Fürstenwalder Allee beigesetzt. Die Bürgermeister von Rahnsdorf und Friedrichshagen, Köhler und Wilke, hielten die Trauerreden, und der Männergesangverein sang «Harre meiner Seele». Kaiserin Auguste Viktoria ließ einen Kranz am Grab niederlegen.

Irgendwann geriet die Grabstätte in Vergessenheit. Auch der Grabstein, der an die verunglückten Frauen erinnerte, war dann verschwunden. Die Interessengemeinschaft Historische Friedhöfe hat fast neunzig Jahre nach dem Unglück, gemeinsam mit Rahnsdorfer Bürgern, am Ort des einstigen Grabes einen neuen Stein mit einer Texttafel aufgestellt, die nun wieder an das Schicksal der jungen Frauen erinnert.

Nah dem Friedhof, in der Fürstenwalder Allee 12, befindet sich das Atelier der 1915 geborenen Bildhauerin Ingeborg Hunzinger. Im Berliner Westend als Ingeborg Franck geboren, fiel sie schon auf der Oberschule als gute Zeichnerin den Lehrern auf. Sie selbst vermutet, «es sind die Gene», und bezieht das auf ihren Großvater, den Maler Philipp Franck. Dieser wohnte nicht nur in der Nähe von Max Liebermann in Wannsee, er war auch wie er Mitglied der Berliner Sezession.

Als Ingeborg Franck 1933 erstmals nach Italien reiste und mit den Werken Michelangelos Bekanntschaft machte, war ihr klar, «dass die Bildhauerei und der Stein mein Beruf sind». Sofort nach ihrer Rückkehr begann sie mit dem Studium an der Hochschule für Bildende Künste in Charlottenburg. Lange konnte sie dort nicht bleiben, dann verwies man sie, wegen ihrer jüdischen Mutter und ihrer Zugehörigkeit zur Kommunistischen Partei, von der Hochschule. Sie verließ daraufhin Berlin und absolvierte in Würzburg eine Lehre als Steinbildhauerin. 1939 emigrierte die junge Bildhauerin dann nach Italien, wo sie ihren späteren Mann Helmut Ruhmer kennen lernte, der in den letzten Kriegswochen noch an der Ostfront fiel.

Bevor sie 1950 in den Ostteil Berlins zog, heiratete sie Adolf Hunzinger, einen ehemaligen Spanienkämpfer und Kommunisten. Sie bekommt eine Anstellung als Dozentin an der Kunsthochschule Weißensee und wird gleichzeitig Meisterschülerin bei Fritz Cremer und Gustav Seitz.

Ingeborg Hunzingers Hauptwerk ist das aus fünf Einzelplastiken bestehende Denkmal «Frauenprotest in der Rosenstraße». Es erinnert an die «Fabrik-Aktion» der Nazis 1943. In der Rosenstraße 2-4 befand sich neben der ältesten Synagoge Berlins die Sozialverwaltung der Jüdischen Gemeinde. Hierhin brachten die Nazis am 28. Februar über 1500 jüdische Männer und Jugendliche, die bis dahin, da sie nichtjüdische Ehefrauen oder Mütter hatten, vom Transport in die Vernichtungslager verschont geblieben waren. Sie arbeiteten als Zwangsarbeiter hauptsächlich in Rüstungsbetrieben. Um Berlin endgültig «judenfrei» zu machen, sah die «Fabrik-Aktion» vor, diesen Personenkreis auf verschiedene Sammellager zu verteilen und von dort in die Vernichtungslager zu deportieren. Als die «arischen» Ehefrauen und Mütter davon hörten, versammelten sie sich vor dem Gebäude in der Rosenstraße und forderten lautstark, unterstützt von Verwandten und Freunden, die Freilassung ihrer inhaftierten Männer und Kinder. Als die Frauen sich auch durch Schießandrohung der SS nicht einschüchtern ließen und am Ort ausharrten, befahl Goebbels nach sechs Tagen die Freilassung der Inhaftierten. Sogar 25 bereits nach Auschwitz Deportierte durften nach Berlin zurückkehren.

Auf dem Rahnsdorfer Dorfanger steht ein von Ingeborg Hunzinger geschaffenes Denkmal. Es trägt den Titel «Die böse Wolke» und erinnert an die Geschichte der Wasserrettung. Hinter Alt-Rahnsdorf teilt sich die Spree. Ein Arm fließt nun durch die Bänke, der andere durch den Kleinen Müggelsee, um sich danach wieder vereint auf den Weg durch den Großen Müggelsee zu begeben. Berlins größter See hat nur eine Tiefe von elf Metern, was bei seiner Größe nicht viel ist. Sein Name leitet sich vom indogermanischen «mygla» ab, was Nebel bedeutet.

Auf dem Wasser und an den Ufern lässt sich bei gutem Wetter die Freizeit wunderbar genießen. Man muss dazu auch gar kein großer Wassersportler sein. Den Kindern reichen Schwimmflügel und Schwimmente bereits zum Glück. Die Erwachsenen genießen das Strandleben und erfreuen sich bei einer kühlen Erfrischung in einem der zahlreichen Ausflugslokale. Wo die Spree den Kleinen Müggelsee passiert, lockt das «Neuhelgoland» – ein Familienbetrieb seit 1897. Im Jahr 2002 brannte die Gaststätte komplett ab und wurde anschließend weitgehend originalgetreu wieder aufgebaut. Zu den bekannten Traditionsgaststätten am Großen Müggelsee gehören auch die «Müggelseeperle» und das «Rübezahl». Letztgenanntes wurde nach seinem Gründer Gustav Müller benannt, der mit seinem wallenden Bart dem Berggeist angeblich ähnlich sah. Die meisten Spaziergänger sind am südlichen Seeufer anzutreffen, wo ein Uferweg bis zum Ende des Sees führt. Fast jede Freizeitaktivität ist hier möglich. Es gibt das Strandbad Müggelsee und das Freibad Friedrichshagen, eine Freilichtbühne, ideale Wandermöglichkeiten und neuerdings wieder die hervorragende Aussicht vom etwas bröckelig wirkenden Müggelturm.

126 Stufen muss der Besucher bewältigen, um die Aussichtsplattform des 1961 fertiggestellten Turmes zu erreichen. Bei klarer Sicht bietet sich, aus insgesamt 120 Meter Höhe, ein weiter Blick in die Ferne. Der Vorgänger des heutigen Betonturmes war ein aus Holz gebauter Aussichtsturm, den der Köpenicker Wäscherei- und Färbereibesitzer Wilhelm Spindler gestiftet hatte. Dieser im Pagodenstil errichtete Turm musste 1957 wegen Baufälligkeit gesperrt wer-

den. Als wenige Monate später mit den Renovierungsarbeiten begonnen wurde, brannte der gesamte Turm ab.

Wenn die Spree nach viereinhalb Kilometern wieder den Großen Müggelsee verläßt, erstreckt sich auf der rechten Seite der Ortsteil Friedrichshagen. Auf Ordre des großen Friedrich entstand 1753 ein Kolonistendorf für Einwanderer aus Böhmen, die wegen ihres Glaubens in ihrer Heimat verfolgt wurden. Dem Wunsch des Königs entsprechend sollten sie eine Seidenspinnerei aufbauen. Das Straßendorf entlang der heutigen Bölschestraße erhielt den Namen «Friedrichsgnade» und war eine der größten friderizianischen Kolonien im Umkreis Berlins. Rund einhundert Baumwoll- und Seidenspinnerfamilien aus Böhmen und Sachsen hatten hier eine neue Heimat gefunden. Die Erwartungen des Königs erfüllten sich aber nicht, denn das Handwerk lief schlecht.

Der Ort selbst entwickelte sich erst mit dem Anschluss an die Eisenbahn in der Mitte des 19. Jahrhunderts. Die Friedrichshagener machten nun aus ihrem Ort ein Seebad für die jetzt zahlreich mit dem Zug anreisenden Berliner. Die reizvolle Lage am Wasser kam bei den Besuchern gut an, so dass sich nach und nach die Kolonistensiedlung in einen Villenvorort und ein vielbesuchtes Ausflugsziel verwandelte. In dieser Zeit ließ sich auch die Bronzegießerei Gladenbeck in Friedrichshagen nieder, von der zahlreiche Berliner und Brandenburger Denkmäler zeugen. Am Ufer des Müggelsees entstand zwischen 1889 und 1893 das Wasserwerk Friedrichshagen. Gebaut von dem englischen Ingenieur Henry Gill vervollständigte das Wasserwerk zusammen mit dem schon zuvor errichteten Tegeler Werk und der Charlottenburger Pumpstation die Wasserversorgung Berlins. Nah dem Ufer stehen die im englischen Landhausstil erbauten Schöpfmaschinenhäuser, deren Pumpen bis 1979 mit jedem Hub fünfhundert Liter Wasser förderten – 1500 Kubikmeter in der Stunde. Heute zählen die Bauten zu den bedeutendsten technik- und architekturgeschichtlichen Denkmälern der Stadt. Wo einst Berliner Trinkwasser aufbereitet wurde, befindet sich nun ein Museum, das die Berliner Wasserwirtschaft dokumentiert.

In dieser bevorzugten Wohngegend entwickelte sich um die Wende ins 20. Jahrhundert der Friedrichshagener Dichterkreis, der Schriftsteller wie Wilhelm Bölsche, Bruno Wille, die Brüder Heinrich und Julius Hart sowie Peter Hille zu seinen Mitgliedern zählte. Dieser Kreis wirkte wie ein Magnet auch auf andere Schriftsteller, Maler und Lebensreformer. Zu den häufigen Besuchern gehörten damals Erich Mühsam, der Jugendstilmaler Fidus, Rudolf Steiner, Christian Morgenstern und Gerhart Hauptmann.

In der Ahornallee 26 lebte ab 1953 der Lyriker und Erzähler Johannes Bobrowski mit seiner Familie. Der 1917 in Tilsit geborene Bobrowski besuchte ab 1937 in Berlin Vorlesungen in Kunstgeschichte, ohne jedoch immatrikuliert zu sein. Voraussetzung zum Studium war damals eine Mitgliedschaft in der NSDAP, die er ablehnte. Erste Gedichte erschienen 1944 in der Zeitschrift «Das Innere Reich». Nach dem Krieg, an dem er als Gefreiter in einem Nachrichtenregiment teilnahm und sowjetischer Kriegsgefangenschaft, lebte er als Lektor in Ost-Berlin. Erst 1961 erschien in der Deutschen Verlags-Anstalt Stuttgart sein erster Gedichtband unter dem Titel «Sarmatische Zeit», der wenig später auch in der DDR erschien. Bobrowski verstand sich stets als deutscher Dichter, der die Trennung in west- und ostdeutsche Literatur ablehnte. Im Oktober 1962 erhielt er den Preis der Gruppe 47, der ihn über Deutschland hinaus auch international bekannt machte. Als er 1965 an den Folgen eines Blinddarmdurchbruchs starb, nahmen an seinem Begräbnis auf dem Friedrichshagener Friedhof hunderte Trauergäste teil, darunter auch Ingeborg Bachmann oder Uwe Johnson, der trotz seiner «Republikflucht» die Genehmigung zur Einreise erhalten hatte. Sein Arbeitszimmer in der Ahornallee blieb weitgehend im Originalzustand erhalten und ist von Mitte April bis Ende Oktober jeden Sonntag von 15 bis 17 Uhr 30 zu besichtigen.

Die zunehmende Bedeutung und der wachsende Wohlstand des Ortes ist auch an einigen aufwendigen öffentlichen Bauten ablesbar. Nachzuprüfen am 1898 fertiggestellten, dreigeschossigen Rathaus mit seinen zwei gestaffelten Giebelwänden und dem prächtigen Ratssaal. Auch die fünf Jahre später im Stil märkischer Backsteingotik erbaute Christophoruskirche spiegelt den einstigen Reichtum der Gemeinde. Der Turm des Gotteshauses wurde nach einem Sturmschaden 1972 leider nur in vereinfachter Form wieder aufgebaut. Gegenüber, auf dem Marktplatz, stand seit 1904 ein Denkmal Friedrichs II. zur Erinnerung an die Koloniegründung. In den Nachkriegsjahren wurde er von seinem Sockel gestoßen und verschwand. Seit 2003 steht der Alte Fritz, neu in Bronze gegossen, wieder an seinem angestammten Platz.

Die Bölschestraße gehört zu den schönsten Straßen Berlins, und für manchen Lokalpatrioten ist sie der «Ku'damm» von Friedrichshagen. Seit der Wende hat sie viel von ihrem alten Charme zurückgewonnen, von dem Ausflügler schon Ende des 19. Jahrhunderts schwärmten. Restaurants und Läden bieten Abwechslung, und an der nahen Seepromenade kann man sich's gut gehen lassen. Vom Restaurantgarten der Weißen Villa, einst Sitz des Friedrichshagener Bürgermeisters, bietet sich dem Spaziergänger ein hervorragender Blick auf das bunte Treiben an und auf dem Wasser. Wer durstig ist, kann sich hier mit einem kühlen Bier erfrischen, das in direkter Nachbarschaft ge-

Berliner Bürgerbräu am Müggelsee

braut wurde. Die Berliner Bürgerbräu GmbH zeigt Besuchern auch, wie das Bier gemacht wird, und hat dazu im ehemaligen Sudhaus ein Brauereimuseum eröffnet. Von der Hopfenwaage bis zur Abfüll- und Etikettieranlage von 1920 kann jeder Schritt der Herstellung verfolgt werden.

1927 wurde Friedrichshagen durch einen 120 Meter langen und fünf Meter breiten Fußgängertunnel am Ausgang des Müggelsees mit dem südlichen Ufer der Spree verbunden. Der Spreetunnel, der seither für Fußgänger die Kämmereiheide mit dem Ortsteil Friedrichshagen und der nahen Bölschestraße verbindet, wurde am Ufer aus Betonteilen zusammengesetzt und nach Fertigstellung am Stück versenkt – damals eine ganz neue Technik. Nah dem nördlichen Tunneleingang befand sich seit 1873 das «Müggelschlösschen», wo sich damals Arbeiter, getarnt als Ausflügler, zu den verbotenen Maifeiern trafen. In den vierziger Jahren brannte das Lokal bis auf die Grundmauern nieder.

Die Spree zeigt sich nun in stattlicher Breite. Fünf Kilometer hinter dem Spreetunnel ist die Altstadt von Köpenick erreicht. Seit jeher gab es hier einen Übergang durch das sumpfige und wasserreiche Spreetal. So verwundert es nicht, daß Köpenick älter als Berlin ist. Hinter dem Katzengrabensteg umgibt der Alte Spreearm die Baumgarteninsel. Rechts mündet ein Nebenarm der Erpe, die auch als Neuhagener Mühlenfließ oder Stienitz bekannt ist. Das kleine Flüsschen entspringt bei Werneuchen und setzte früher über Schaufelräder zahlreiche Wassermühlen in Gang. Die Zeiten sind vorbei, das Rinnsal dient heute hauptsächlich dazu, die Abwässer vom Klärwerk Münchehofe in die Spree zu leiten.

Nah dem Ufer in einer kleinen Grünanlage erinnert ein Denkmal an die «Köpenicker Blutwoche». Im 1901 fertiggestellten Amtsgerichtsgefängnis Köpenick hatte die «SA-Standarte 15» ihr Stabsquartier eingerichtet. Unter dem Standartenführer Herbert Gehrke veranstaltete sie 1933 regelrechte Hetzjagden auf alle, die dem NS-Regime ablehnend gegenüberstanden. In der letzten Juniwoche drang die SA in die Wohnungen von mehreren hundert Personen ein und trieb diese wie Vieh in ihre berüchtigten «Sturmlokale», darunter in eine teilweise von der SA genutzte Villa am Müggelseedamm 132 sowie in das Amtsgerichtsgefängnis, wo sie verhört und gefoltert wurden. Mindestens 24 Köpenicker wurden ermordet. Einige von ihnen, die verstümmelt und in Säcke eingenäht aufgefunden wurden, sind namentlich bekannt, viele andere waren nicht zu identifizieren oder blieben verschwunden. Das Gefängnis in der Puchanstraße 12 wird heute zum Teil als Aktenlager der Justizverwaltung genutzt. In einer der authentischen Zellen im Keller ist eine Gedenkstätte eingerichtet.

Wirkte die Altstadt vor Jahren noch sehr grau und wenig belebt, hat sie sich seither doch positiv entwickelt. Trotzdem hinkt die Entwicklung etwas hinterher im Vergleich mit anderen Berliner Quartieren. Es fehlen vor allem kleine, individuelle Geschäfte, die ein Flanieren in den kleinen Gassen angenehm machen.

Die Keimzelle von Köpenick ist die Schlossinsel. An Stelle des heutigen Schlosses existierte bereits ein Schloss, als die Deutschen unter Albrecht dem Bären in das Land kamen. Der letzte Wendenfürst Jaczo (oder Jasso), an dessen Bekehrung zum Christentum die Schildhornsage erinnert, residierte in diesem ältesten Schloss. Wir wissen, daß es den Bau gab, aber nicht wie er damals aussah. Es sind aus dieser Zeit keine Zeichnungen überliefert.

Dieses alte Schloss stand bis 1550, dann wurde es auf Befehl von Joachim II., der ein leidenschaftlicher Jäger war, abgerissen und durch ein Jagdschloss ersetzt. Von diesem Schloss gibt es eine Zeichnung aus dem Jahre 1640. Sie zeigt einen auf quadratischer Grundfläche errichteten Bau, überragt von fünf Türmen. Vier davon waren Ecktürme, der fünfte ragte aus dem Schlosshof heraus. Joachim II. schätzte das Schloss und weilte, so oft es ging, in Köpenick. Am 3. Januar 1571, es soll bitterkalt an diesem Wintertag gewesen sein, hatte der Kurfürst zu einer Wolfsjagd geladen. Nach der Jagd wurde in bester Stimmung gespeist und dabei über eine Predigt von Martin Luther gesprochen, die dieser einmal zu Christi Tod und Auferstehung gehalten hatte. Gedankenverloren soll der Kurfürst dabei ein Kruzifix auf den Tisch gezeichnet haben. In der Nacht wurde er von Schmerzen in der Brust gequält und fiel alsbald in tiefe Ohnmacht. Einige Minuten später verstarb der 65-jährige König mit einem tiefen Seufzer. Seine letzten Worte sollen gewesen sein: «Das ist gewisslich wahr».

1677 wurde das Jagdschloss abgerissen, um in den folgenden Jahren durch den holländischen Baumeister Rutger von Langfeld den noch heute erhaltenen Schlossbau zu errichten. Das im holländischen Barockstil errichtete Gebäude war als spätere Residenz vorgesehen und sollte als Jagd- und Lustschloss dienen. Heutige Besucher wissen über die Geschichte des Schlosses wenig, aber immer wieder fallen zwei Namen: Friedrich und Katte.

Ende Oktober des Jahres 1730 tagte im Wappensaal des Schlosses das Kriegsgericht gegen Kronprinz Friedrich, Sohn Friedrich Wilhelms I. Dem Kronprinzen wurde Desertion vorgeworfen, da er als 18-jähriger vor der für ihn unerträglichen Strenge seines Vaters nach England flüchten wollte. Geholfen hatte ihm damals sein Freund, der junge Leutnant Hans Hermann von Katte. Die Flucht scheiterte, und der König war außer sich vor Wut. Auf die Frage nach dem Beweggrund der Flucht antwortete der Kronprinz: «Weil Sie mich nicht wie Ihren Sohn, sondern wie einen gemeinen Sklaven behandelt haben.» Der zornige König griff zum Degen und wollte seinen Sohn durchbohren. Ein beherzter General warf sich dazwischen und konnte gerade noch Schlimmstes verhindern.

Beide Freunde, sie verband ihre Vorliebe für Literatur, Malerei und das Traversflötenspiel, kamen vor ein Kriegsgericht, das aus 16 Offizieren zusammengesetzt war. Das Gericht lehnte einen Urteilsspruch gegen den Kronprinzen ab, verurteilte aber seinen Helfer zu lebenslanger Festungshaft. Dem König war diese Strafe noch zu milde, worauf sein Machtspruch erfolgte – das Todesurteil, vollstreckt mit dem Schwert.

Auf Anordnung des Vaters musste der junge Friedrich, vom Fenster seiner Gefängniszelle in Küstrin aus, die Hinrichtung seines besten Freundes mit ansehen. Als der 26-jährige Katte mit entblößtem Hals niederkniete, soll der Kronprinz ihm zugerufen haben: «Mein lieber Katte, ich bitte tausend Mal um Entschuldigung.» Darauf soll dieser geantwortet haben: «Mein Prinz, ich sterbe mit tausend Freuden für Sie», dann fiel sein Haupt und Friedrich brach ohnmächtig zusammen. Fortan war der Kronprinz ein anderer, jegliche Leichtigkeit hatte ihn verlassen, er wurde schwermütig.

Vom kleinen Schlosspark an der Südspitze der Schlossinsel, bietet sich dem Betrachter ein reizvoller Blick über die Dahme hinweg auf die Köllnische Vorstadt. Die Dahme entspringt im Fläming und erreicht am Schmöckwitzer Werder die Berliner Stadtgrenze. Nach wenigen Kilometern mündet sie dann nah der Altstadt in die Spree. Schaut man von der Inselspitze nach links, über den Frauentoog hinweg, liegt dort der Stadtteil Kietz mit seinem kinderfreundlichen Flussbad und Kulturzentrum «Krokodil». Im Sommer, wenn viele Berliner die Nähe zum Wasser suchen, wimmelt es geradezu von Motor- und Sportbooten um die Schlossinsel herum. Alfred Kerr, der in seinen Zeitungsartikeln ganz schön bissig sein konnte, schrieb im Sommer 1897: «Berlin ist jetzt grauenhaft. Man atmet während des Tages keine Luft, sondern lauwarmen Unrat. Die Atmosphäre lässt sich schneiden. Darum fliehen während des Tages viele Menschen auf die Gewässer in der Nähe. Sie rudern und ertrinken dabei zuweilen. Vorher aber haben sie wenigstens noch einmal Luft geschnappt.»

Das Köpenicker Rathaus wurde 1906 weit über Deutschlands Grenzen hinweg bekannt durch den Schuster Wilhelm Voigt. Seine Berühmtheit begann mit einer Zeitungsmeldung: «Ein als Hauptmann verkleideter Mensch führte gestern eine von dem Schießplatz Tegel kommende Abteilung Soldaten nach dem Köpenicker Rathaus, ließ den Bürgermeister verhaften, beraubte die Gemeindekasse und fuhr in einer Droschke davon.»

Der Lebenslauf des Mannes, über den ganz Berlin und sogar der Kaiser lachte, liest sich eher bitter als lustig. Der in ärmlichen Verhältnissen aufgewachsene Voigt lernte nach der Volksschule den Beruf des Schusters. Als 17-jähriger kam er erstmals mit dem Gesetz in Konflikt, da er mehrfach Postanweisungen der Reichspost zu seinen Gunsten fälschte. Das Urteil lautete auf elf Jahre Gefängnis, von denen er sieben Jahre im berüchtigten Zellengefängnis in der Lehrter Straße absaß und danach in das Gefängnis Sonnenburg verlegt wurde.

Da ihn nach seiner Entlassung keine Gemeinde aufnehmen wollte, wurde er erneut straffällig: Er brach in ein Polizeirevier ein, um sich einen Pass zu beschaffen. Der Einbruch schlug fehl und Voigt landete wieder im Gefängnis. Der Wunsch an einen Pass heranzukommen, um das Land zu verlassen, beherrschte weiterhin sein Handeln. Aber auch im Rathaus von Köpenick fand er keinen Pass, stattdessen die Gemeindekasse. Sein Moabiter Prozess beschäftigte ganz Berlin, und der Publizist Maximilian Harden schrieb als Prozessbeobachter: «Er hatte 27 Jahre lang im Zuchthaus gesessen und wusste, was im Deutschen Reich Wilhelms des Zweiten ausführbar sei. Er hatte nie den Rock des Königs getragen; und ward von Soldaten, Gendarmen, von einem Reserveoffizier gar für einen preußischen Hauptmann gehalten. Er hat Stiefel geflickt und Kohlen geschaufelt: und wendet kein Fremdwort falsch an und zitiert Sätze aus Treitschkes Deutscher Geschichte. Ohne Pose stand er vor Gericht, ohne Gauklerstolz und Sünderscham; gab sich ganz schlicht. Und was er sprach, war stärker, war auch feiner nuanciert als ringsum all das strenge oder sanfte Getue der ‹Studierten›.»

Wäscherei Spindler in Köpenick. Gemälde von Paul Andorff, 1881

Nach Verbüßung der Gefängnisstrafe, die vom Kaiser amnestiert wurde, reiste er als «Hauptmann von Köpenick» durch ganz Deutschland und trat bei den unterschiedlichsten Veranstaltungen und Anlässen in Uniform auf. Die später als Buch herausgegebenen Erinnerungen wurden zum Bestseller und erschienen bis heute in vielen Auflagen. Seine letzten Lebensjahre verbrachte er in Luxemburg, wo er auch begraben wurde.

Hat die Spree seit ihrem Eintritt in die Stadt ausschließlich Erholungsgebiete durchquert, ändert sich nun das Landschaftsbild. Von nun an prägen Industrie und produzierendes Gewerbe die Kulisse. Spreeabwärts ist bald Spindlersfeld erreicht, das mit seinem Namen an Wilhelm Spindler erinnert, der mit einer Großwäscherei die industrielle Entwicklung am linken Spreeufer beförderte. Begonnen hatte die Köpenicker Erfolgsgeschichte als «Waschsalon» für Berlin und Umgebung aber schon 35 Jahre vor Spindlers Ansiedlung in Köpenick. Damals, im Jahr 1835, hatte eine tatkräftige Frau mit Namen Henriette Lustig am Spreeufer eine erste Lohnwäscherei eröffnet und so den Grundstein für Köpenicks Wäschereitradition gelegt.

Nach seiner Lehre in der Seidenfärberei Chassang wanderte der junge Spindler fünf Jahre als Geselle durch Deutschland, Österreich und die Schweiz bis nach Oberitalien. Wieder zurück in Berlin, gründete er mit dem Erbteil seiner Großmutter eine bescheidene Färberei in der Burgstraße und später eine Dampffärberei in der Wallstraße. Damals begann er Kleidungsstücke chemisch zu reinigen, nach einem Verfahren, das er in Paris kennengelernt hatte. Die außerordentlich erfolgreiche Entwicklung seines Unternehmens belästigte aber zunehmend die Nachbarschaft durch Dampf und beißenden Geruch. Auch die in großen Mengen anfallende Waschlauge machte dann den Umzug vor die Tore der Stadt erforderlich. So erwarb Spindler 1871 ein zweihundert Morgen großes Areal am linken Spreeufer unterhalb von Köpenick. In dem neuen Werk, das nach Wilhelm Spindlers Tod im Jahr 1873 seine beiden Söhne William und Karl erfolgreich weiterführten, arbeiteten bis zu zweitausend Arbeiter. Der alte Spindler spielte auch im Berliner Stadtrat eine wichtige Rolle und erreichte, gemeinsam mit Rudolf Virchow, eine ganze Reihe von sozialen Verbesserungen für die Bevölkerung Berlins.

Die Kaufmannsweisheit «Konkurrenz belebt das Geschäft» bestätigte sich auch hier. Der große Erfolg von Spindlers Großwäscherei führte zur Ansiedlung zahlreicher Wäschereien in Köpenick. Später schlossen sich etwa zweihundert Betriebe zu einer Genossenschaft zusammen, und Köpenick wurde die «Waschküche Berlins». Die Abhol- und Liefertouren der Wäschereien, damals noch mit Pferd und Wagen, reichten bis nach Charlottenburg. Besonders treue Kunden hatten die Betriebe in Rüdersdorf und Umgebung, wo durch den Kalkstein-Tagebau die Staubentwicklung enorm war. Wer dort seine Wäsche im Freien trocknete, konnte sie später hart und schwer, wie betoniert, von der Leine heben. Aus den Spindlerschen Anlagen wurde 1968 der Stammbetrieb des Kombinats VEB Vereinigte Wäschereien Berlin Rewatex, das nach der Vereinigung privatisiert wurde. Von Spindlers Wäschereigebäuden ist heute nicht mehr viel erhalten, und das, was am Spreeufer noch besteht, ist in schlechtem Zustand.

Links der Spree, am heutigen Rand der Köllnischen Heide, liegt Adlershof. Der Ortsteil steht für Fernsehgeschichte, Technik und Wissenschaft. So ist es nicht verwunderlich, dass viele Straßen die Namen bedeutender Forscher und Wissenschaftler tragen. Es begann 1909 mit der Einweihung eines Flughafens, der auf Adlershofer und Johannisthaler Gemarkung errichtet worden war. Der Flughafen wirkte wie ein Magnet und führte zu zahlreichen Ansiedlungen von Firmen und Ausbildungsstätten. So nahm 1911 die «Luftfahrerschule Berlin-Adlershof», als erste ihrer Art in Deutschland, den Lehrbetrieb auf.

Nur ein Jahr später wurde in Berlin der «Verein Deutsche Versuchsanstalt für Luftfahrt» (DVL) gegründet, um entsprechend seiner Satzung «das deutsche Flugwesen und die deutsche Luftschiffahrt durch Errichtung, Ausbau und Unterhaltung einer Versuchsanstalt zu gemeinem Nutzen zu fördern.» Der Verein errichtete am östlichen Rand des Flugplatzes ein Laboratoriums- und Werkstattgebäude. Mit Beginn des Ersten Weltkrieges musste die Forschung einige Jahre zwangsweise ruhen. Anschließend entwickelte sich die Versuchsanstalt schnell zu einem modernen Wissenschaftsbetrieb. Es wurden Windkanäle und ein Trudelwindkanal gebaut, die bis heute denkmalgeschützt an die einstigen Pionierleistungen erinnern.

Bald wurde die Forschung kriegswichtig und die Wissenschaftler arbeiteten getarnt und streng geheim an der Entwicklung und Erprobung neuer Militärflugzeuge. Als 1929 «Die Weltbühne» darüber berichtete, warf man den Autor des Artikels, Walter Kreiser, sowie den verantwortlichen Chefredakteur Carl von Ossietzky wegen «Verrat militärischer Geheimnisse» ins Gefängnis. In den Folgejahren wurde die Forschung und Entwicklung immer stärker auf die Wünsche der Militärs ausgerichtet. Mit Kriegsbeginn ähnelte Adlershof immer mehr einem Militärstützpunkt, und die Forschungsanlagen und Gebäude wurden entsprechend bewacht.

Als die Rote Armee am 23. April 1945 den Johannisthaler Flugplatz einnahm, bedeutete das auch das Ende der Versuchsanstalt. Die Gebäude wurden erst von einer Einheit der Armee und dann von der Hauptverwaltung der Volkspolizei genutzt, bis 1952 das dem Ministerium für Staatssicherheit (MfS) unterstellte Wachregiment «Feliks Dzierzynski», eine auf Bürgerkriegseinsätze trainierte Elitetruppe, die Gebäude an der Rudower Chaussee 16-25 bezog. Heute wird das Gelände friedlicher genutzt. Es entstand ein überbezirkliches Kulturzentrum mit Kino, Musikschule und Treptows größte Sportanlage, das «Sportzentrum für Freizeit und Gesundheit».

Nur drei Wochen nach der Konstituierung der DDR begann 1949 in Adlershof der Aufbau eines DDR-Fernsehzentrums in der Rudower Chaussee 3. Die praktischen Vorbereitungen zur Ausstrahlung eines Fernsehprogramms begannen ein Jahr später, nach Beschluss des DDR-Ministerrats. Am 21. Dezember 1952, es war kein Zufall, dass es Stalins Geburtstag war, nahm der Deutsche Fernsehfunk (DFF) seine regelmäßige Programmtätigkeit auf. Damals waren gerade einmal sechshundert Besitzer von Fernsehgeräten in der DDR registriert. 1969, inzwischen saßen bis zu vier Millionen DDR-Bürger vor der Glotze, nahm das Zweite Programm des DFF, nun in Farbe, den Sendebetrieb auf. Um sich so von dem in der BRD gebräuchlichem PAL-System abzusetzen und auch um die Empfang bundesdeutscher Fernsehprogramme zu erschweren, hatte sich die DDR für das französische SECAM-System entschieden.

Adlershof hat sich in den letzten Jahren als Wissenschaftsstandort gut entwickelt. Hochmoderne Forschungsstätten sind neu entstanden, darunter auch die Anlage BESSY II (Berliner Elektronenspeicherring – Gesellschaft für Synchrotronstrahlung).

Das Adlergestell, mit zwölf Kilometern die längste Straße der Stadt, trennt Adlershof von Johannisthal. Der erste Erbpächter in Johannisthal war der Kammerrat Johannes Wilhelm Werner. Sein Vorname sorgte vermutlich für den ersten Teil des Ortsnamens. Hinzu kam noch das Tal, das kaum zu erkennen, aber wirklich vorhanden ist, denn ganz Treptow ist in eine flache Niederung der Spree eingebettet. Wie dem auch sei, jedenfalls tauchte 1757 erstmals der Name Johannisthal in den Akten auf. Vier Jahre zuvor hatte der Kammerrat Werner die königliche Erlaubnis erhalten, auf einem von ihm übernommenen Erbzinsgut des Amtes Köpenick zehn Kolonistenfamilien anzusiedeln. Bereits ein Jahr später verstarb Johannes Wilhelm Werner, was mit dazu beitrug, dass die Kolonie sich nur sehr langsam entwickelte. 1873 wurde das Gut an die «Baugesellschaft Johannisthal» verkauft, die einen Villenvorort plante und hoffte, dass sich viele neureiche Berliner hier ansiedeln würden. Die Voraussetzungen waren durch die Anbindung an die Görlitzer Eisenbahn im darauffolgenden Jahr gegeben. Vorteilhaft für die Pläne waren auch die Bemühungen des letzten Gutsbesitzers Karl von Trützschler, aus Johannisthal einen Kur- und Badeort zu machen. Daran erinnern heute noch die einstige Warmbadeanstalt und die Villa «Bella Vista» am Sterndamm. Das Kurhaus wurde 1921 durch Umbau zur evangelischen Kirche von Johannisthal. Die Industrialisierung des östlich benachbarten Niederschöneweide, der Bau des Teltowkanals sowie die Anlage des ersten Berliner Flugplatzes machten aber alle Bemühungen, Johannisthal als Badeort weiter auszubauen, zunichte.

Bevor hier der erste Motorflugplatz angelegt werden konnte, mussten neunhundert Morgen Wald vernichtet werden. Die «Deutsche Fluggesellschaft» ließ dann innerhalb kürzester Zeit große Hallen, Zuschauertribünen sowie einen kilometerlangen Bretterzaun errichten. Das 830 Morgen große Flugfeld wurde am 26. September 1909 mit einem Wett-Fliegen der ersten Aviatiker der Welt eröffnet. Der erste Start fiel eher bescheiden aus, da der Belgier de Caters mit seinem Kastendoppeldecker nur eine Flughöhe von einem halben Meter erreichte. Besser machte es danach der Franzose Blériot, der schnell an Höhe gewann und mühelos die als Markierungen der Flugstrecke dienenden Wendetürme umflog. Die erste Bruchlandung des ersten Flugtages erlebte der französische Flieger Leblanc. Als er bei zu geringer Höhe sein Fluggerät in die Kurve manövrierte, berührte eine Tragflächenspitze die Grasnarbe, worauf sein Flieger heftig auf dem Boden aufschlug.

Tausende Zuschauer, größtenteils aus Berlin, erlebten am zweiten Tag der Flugwoche, ganz überraschend, den ersten deutschen Überlandflug des Fran-

Postkarte aus Johannesthal, 1911

zosen Hubert Latham. Dieser war mit seinem Motorflieger in Tempelhof gestartet und über Britz einfach unangemeldet in die Veranstaltung hineingeflogen. Die zehn Kilometer lange Flugstrecke absolvierte er in 14 Minuten und 31 Sekunden. Latham wurde von den Zuschauern begeistert gefeiert. Die Polizei sah das etwas anders und verpasste ihm noch auf dem Flugfeld ein Strafmandat über 150 Mark wegen «groben Unfugs». Unter den Zuschauern, die Latham bejubelten, war auch Karl May, der den Flieger persönlich beglückwünschte. Offenbar hatte dies auch Einfluss auf den vierten Teil seiner Winnetou-Romane «Winnetous Erben». Darin steigt ein junger Indianer mit einem selbstgebauten Fluggerät auf und erfüllt so eine alte Prophezeiung. Star der Veranstaltung war der erfolgreichste Aviatiker der ersten Flugwoche, der Franzose Henry Rougier, der die Wendetürme zwei Stunden und 41 Minuten lang umkreiste. Mit zurückgelegten 120 Kilometern gewann er den Dauerflugpreis und anschließend auch den Höhenflugpreis für Frankreich.

Wahre Zuschauermassen strömten im Juni 1911 zum Start des «Deutschen Rundflugs» nach Johannisthal. Fast 300.000 Besucher gelangten auf das Gelände, das nur für 100.000 Menschen vorgesehen war. Weitere 300.000 Flugbegeisterte fanden keinen Einlass mehr.

Am 15. September 1911 legte die erste Frau in Deutschland ihr Pilotenexamen ab – Melli Beese. Sie, die eigentlich Amelie hieß, und ausgebildete Bildhauerin war, hatte nach Überwindung starker Vorurteile gegen die Flugausbildung von Frauen auf dem Johannisthaler Flugfeld das Fliegen erlernt. In der darauffolgenden Herbstflugwoche war die junge Fliegerin als «Flying

Girl» die Sensation. Am Ende des vierten Wettkampftages lag sie an zweiter Stelle und hatte gute Chancen auf einen der vorderen Plätze. Sturm und Regen bestimmte den letzten Tag der Flugwoche. Als die Rennleitung beschloss, dass eine Frau bei solchem Wetter nicht starten könne, musste Melli Beese am Boden bleiben. Trotzdem kam sie in der Gesamtwertung unter 24 Teilnehmern auf den fünften Platz.

Der Flugplatz Johannisthal entwickelte sich bis zum Ersten Weltkrieg zu einem bedeutenden Zentrum des europäischen Motorflugs. Im Krieg selbst befand sich hier das Zentrum der deutschen Kriegsflugzeugproduktion. Ab 1919 diente das Flugfeld einige Zeit dem Passagierflug- und Luftfrachtlinienverkehr, um dann im Zweiten Weltkrieg wieder rein militärisch genutzt zu werden. Nach Ende des Krieges starteten und landeten sowjetische Fliegereinheiten bis 1952, danach wurde der Flughafen geschlossen.

Rechts der Spree erstreckt sich die Wuhlheide von der Dammvorstadt bis Karlshorst. Bei Kindern und Eltern gleichermaßen beliebt ist das Freizeit- und Erholungszentrum FEZ auf einer Fläche von 120 Hektar. Mittendurch und außenrum verkehrt eine Parkeisenbahn, die, als die DDR noch existierte, «Pioniereisenbahn» hieß. Den Kindern ist aber völlig egal, unter welchem Namen die Bahn auf ihrer rund sieben Kilometer langen Strecke fährt, sie sind in jedem Fall begeistert. Im Park findet sich alles, was ein Kinderherz begehrt: der große FEZ-Palast, ein Badesee, Schwimmhalle, Freilichtbühne, Tiergehege und vieles mehr.

Auch der angrenzende Volkspark hat seinen Besuchern viel zu bieten: diverse Sportanlagen, eine Rodelbahn für den Winter sowie ein Freibad für den Sommer. Bindeglied zwischen Volkspark und FEZ ist der Waldfriedhof Wuhlheide, auf dem sich die von Alfred Messel entworfene Familiengrabstätte Rathenau mit den Gräbern von Emil Rathenau, dem Begründer der AEG, und Walther Rathenau, dem 1922 ermordeten Außenminister, befindet. Vom Volkspark im Norden nur durch den Hohen Wallgraben getrennt, liegt die Trabrennbahn Karlshorst, die es seit der Wende durch die Konkurrenz zu Mariendorf nicht leicht hat.

1894 hatte der Berliner Verein für Hindernisrennen auf den Feldern des Vorwerks Karlshorst eine Pferderennbahn eröffnet. Hier wurden anders als in Hoppegarten ausschließlich Hindernisrennen veranstaltet. Wilhelm II., der Pferderennen nicht sehr schätzte, ging, wenn überhaupt, nur zu den Renntagen nach Karlshorst, wo sich des Kaisers Kavalleristen oder ihre Pferde so manches Mal das Genick brachen. Pferdesport genoss um die Jahrhundertwende große Popularität beim Publikum, so dass 1913 noch eine weitere Rennstrecke für Traber, in Mariendorf, entstand.

Unmittelbar nach Ende des Zweiten Weltkrieges wurde die Karlshorster Anlage, auf Befehl des sowjetischen Stadtkommandanten Generaloberst Nikolai E. Bersarin, zur Trabrennbahn umgebaut. Bereits am 1. Juli 1945 fand vor 50.000 Zuschauern das erste Trabrennen statt. Karlshorst blieb die einzige Trabrennbahn der DDR. Mit bis zu 17 volkseigenen und fünf privaten Ställen, für insgesamt 480 Pferde, war sie das Trainings- und Wettkampfzentrum des DDR-Trabersports.

Niederschöneweide liegt eingebettet zwischen den Ortsteilen Baumschulenweg, Adlershof und Johannisthal. Die meisten Berliner bringen Baumschulenweg sofort mit den Späth'schen Baumschulen in Verbindung, Johannisthal mit den «kühnen Männern in ihren fliegenden Kisten» und Adlershof mit Fernseh-Geschichte und Wissenschaft. Aber Niederschöneweide? Der wohlklingende Name will so gar nicht zu dieser von Industrie geprägten Stadtlandschaft passen. Eine Chronik aus dem Jahr 1598 beschreibt «eine Wiese an der Sprew bey der schönen Weyde gelegen». Die «schöne Weide» war eingebettet in eine weitläufige Auen- und Waldlandschaft, die sich einst zu beiden Seiten der Spree ausbreitete – von Köpenick bis vor die Tore von Berlin-Cölln. Die Cöllnische Heide war durchzogen von kleinen Wasserläufen, was die Natur reichlich sprießen ließ. Von diese idyllischen Landschaft ist heute nichts mehr zu entdecken. Der Volksmund bringt es knallhart auf den Punkt, wenn er diese Gegend links und rechts der Spree als «Nieder- und Oberschweineöde» bezeichnet.

In der einst so schönen Naturlandschaft siedelte sich 1697, nah dem Spreeufer, eine Teerschwelerei an. Danach scheint sich lange Zeit nichts getan zu haben, bis 1764 die «Colonie Schöneweide» entsteht, aus ein paar Gehöften mit Ställen, einem Gasthaus, zwei Bleichen und einer Kattunfabrik. In der Folgezeit bildeten sich auf beiden Seiten der Spree Siedlungskerne. Da der Fluss aber die Verwaltungsgrenze zwischen Barnim und Teltow war, kam es 1878 zu einer kommunalrechtlichen Trennung. Oberschöneweide gelangte zum Kreis Niederbarnim und Niederschöneweide blieb im Kreis Teltow. 1905 beschreibt Willy Spatz in seinem Buch «Der Teltow», dass hier im Ort das industrielle Zeitalter bereits begonnen hat: «... ein in der Nähe einer Riesenstadt gelegener, unmittelbar am Fluß sich hinziehender Fabrikvorort, zu dem Boote und Dampfer in rastloser Tätigkeit hinstreben.»

Ausgerechnet im «schweineöden» Niederschöneweide, in der Schnellerstraße 104, hat seit 1951 die bedeutende Hochschule für Schauspielkunst «Ernst Busch» ihr Domizil gefunden. Weitab vom Theaterleben der Stadt lernen angehende Mimen ihr Handwerk auf zwanzig Probebühnen und in speziellen Unterrichtsräumen für Akrobatik, Tanz, Fechten und Pantomime. Max

Reinhardt hatte 1905 die «Schauspielschule des Deutschen Theaters» ins Leben gerufen. Sie existierte bis 1944 und musste dann, wie alle Theater und Schauspielschulen, geschlossen werden. In den Nachkriegsjahren gab es keine festen Übungsräume, die Schüler mussten zwischen verschiedenen Theatern hin und her pendeln. Der heutige Bau entstand erst Ende der siebziger Jahre. Bis dahin fand der Unterricht in einem ausgedienten Bootshaus direkt an der Spree statt, das zuvor der Rudergesellschaft Wiking gehörte. Zu den renommierten Lehrern gehörten u.a. in den Sparten Film, Tanz und Musiktheater: Wolfgang Heinz, Manfred Wekwerth, Thomas Langhoff sowie Klaus Völker. Zu den namhaften Absolventen gehören z.B. Dieter Mann, Christian Grashof, Dagmar Manzel, Corinna Harfouch und Nina Hoss.

Als der Kaisersteg zwischen Hasselwerder Ufer und Laufener Straße 1898 den Fußgängern übergeben wurde und zigtausend Schaulustige an diesem Tag über die Spree flanierten, schwankte die Brücke merklich. Finanziert hatte die Hängebrücke die AEG mit Sitz in Oberschöneweide. Das war nicht ganz uneigennützig, denn es waren hauptsächlich ihre Arbeiter, die vom Bahnhof Schöneweide nun auf kürzestem Weg ihren Arbeitsplatz erreichten. Zu Schichtbeginn und zum Feierabend gab es auf der nur drei Meter breiten Fußgängerbrücke ein erhebliches Gedrängel. Am 22. April 1945 sprengten die Nazis das Bauwerk in die Luft, um das Vorrücken der Roten Armee zu verhindern. 62 Jahre sollte es dauern, bis ein neuer Kaisersteg, für Fußgänger und Radfahrer, Oberschöneweide und Niederschöneweide wieder verbindet. Das 2007 fertiggestellte Bauwerk ist 140 Meter lang und fünf Meter breit. Menschenmassen werden es nicht mehr sein, die täglich die Brücke überqueren, denn so viele Industriearbeitsplätze, wie sie 1898 in Oberschöneweide existierten, wird es in absehbarer Zeit nicht mehr geben.

Oberschöneweide ist mit Niederschöneweide zusammen das größte geschlossene Industriegebiet im Osten Berlins. 1920 bei der Bildung Groß-Berlins zunächst dem Bezirk Treptow zugeschlagen, kam Oberschöneweide 1938, im Austausch gegen Bohnsdorf, zum Bezirk Köpenick.

Bereits 1682 ist ein Gehöft mit Bierausschank, der «Quappenkrug», nachweisbar, das 1814 nach seiner damaligen Eigentümerin Wilhelmine Reinbeck in «Wilhelminenhof» umbenannt wurde. Dieses Vorwerk erhielt 1871, gemeinsam mit der ein Jahr zuvor östlich davon am Spreeufer angelegten kleinen Villenkolonie Ostend, den Namen Oberschöneweide und war ab 1898 selbständige Landgemeinde. Anfangs gab es wenig Industrie, dafür aber zahlreiche Ausflugslokale am Wasser. Die Gäste kamen zumeist mit den seit 1864 regelmäßig verkehrenden Schiffen des «Berliner Dampfschiffahrts-Vereins». Trotz seiner zehn Dampfer war das Unternehmen aber nicht immer in der

Elektrisches Werk und Kabelwerk der A.E.G., Berlin-Oberschöneweide, um 1900

Lage, die Besuchermassen abends auch wieder heimzubringen. So schrieb im August 1868 eine Berliner Zeitung: «Im Schöneweider Kaffeehaus blieben so viele Passagiere zurück, daß der Wirt, dem es an Räumlichkeiten gebrach, seine Billards zu Schlafstellen einrichten mußte.»

Die Wandlung zum Industriestandort begann 1890, als die drei Jahre zuvor gegründete AEG auf diesem dünn besiedelten Spreeufer ihre ersten Industriebauten errichtete. Es entstand eine Akkumulatorenfabrik, ein Kabelwerk und das Kraftwerk Oberspree. 1901 kaufte der Konzern die zwei Jahre zuvor gegründete «Allgemeine Automobil-Gesellschaft» und gab ihr den neuen Namen NAG (Neue Automobil Gesellschaft). Anfangs baute man auf dem Gelände des AEG-Kabelwerks den nach seinem Konstrukteur benannten Klingenberg-Wagen. Sein zweizylindriger Motor produzierte vier Pferdestärken, was dem Auto eine Höchstgeschwindigkeit von 35 Kilometern pro Stunde verlieh. 1903 folgte der Bau einer Droschke und der erste Automobillastzug der Welt, dessen Spiritusmotor vierzig PS leistete. Neben Personenwagen wurden bald auch ein Sportwagen, Omnibusse und Lastwagen gebaut.

1915 wird die Firma umbenannt in Nationale Automobil Gesellschaft (NAG). Gleichzeitig entstand, nach Entwürfen von Peter Behrens, an der Ostendstraße ein neues Fabrikations- und Verwaltungsgebäude. Der 1917 eingeweihte Bau ist ein bahnbrechendes Beispiel für moderne deutsche Industriearchitektur. Die Produktion beschränkte sich nun auf einen Personenwagen und zwei Lastwagenmodelle. Gegen Ende der zwanziger Jahre erwarb NAG von Siemens-Schuckert die Rechte zum Bau des «Protos», einem stattlichen Sechszylinder, der nun in Oberschöneweide gefertigt wurde. Ab 1930 schrieb

NAG im Personenwagenbau rote Zahlen. Vor allem die Konkurrenz amerikanischer Modelle macht den Automobilbauern mehr und mehr Probleme. 1934 wird das letzte Auto der NAG gebaut, und der Firmenname verschwindet vom Markt. Auch Oberschöneweide hatte sich in der Zwischenzeit stark verändert. Mit den Industrieansiedlungen war die Einwohnerzahl zwischen 1895 und 1919 sprunghaft angewachsen – von 625 auf 25.612.

Zwischen Wuhlheide und Rummelsburg ist der Uferbereich geprägt durch Industrieanlagen, Laubenkolonien und die Bahnanlagen des Betriebsbahnhofs Rummelsburg, wo die Bahn seit jeher ihre Züge wartet. Die Angst ging um in dieser Gegend, als Anfang 1941 eine Verbrechensserie im Schutz der kriegsverdunkelten Reichshauptstadt ihren Anfang nahm. Acht Morde, sechs Mordversuche sowie mehr als dreißig Sittlichkeitsverbrechen ereigneten sich im Bereich des Betriebsbahnhofs. Die Opfer waren ausnahmslos Frauen, die sich auf dem Heimweg von ihrer Arbeit befanden. Ein großer Teil von ihnen waren Schichtarbeiterinnen in den kriegswichtigen Rüstungsbetrieben. Sie kamen nachts zum Schichtwechsel oder hatten gerade Feierabend. Fünf dieser Frauenmorde wurden in fahrenden Zügen zwischen den Bahnhöfen Rummelsburg und Friedrichshagen begangen. Die anderen Opfer wurden mehrheitlich im Bereich der Laubenkolonien überfallen und drangsaliert. In den meisten Fällen benutzte der Täter ein Bleikabel als Schlagwaffe.

Am 6. November 1940 berichtete der Berliner Lokal-Anzeiger unter der Überschrift «Überfall im S-Bahnzug» über einen der missglückten Mordversuche: «Die Berliner Kriminalpolizei ist mit der Aufklärung eines schweren Verbrechens beschäftigt, das sich in der Nacht zum Dienstag am Bahnhof Hirschgarten abgespielt hat. Eine 29 Jahre alte Fahrkartenverkäuferin der Reichsbahn wurde dort von einem bisher noch nicht ermittelten Mann überfallen und aus dem fahrenden S-Bahnzug gestoßen. Sie erlitt Rücken- und Brustprellungen und mußte nach dem Köpenicker Krankenhaus gebracht werden. Die Ermittlungen haben ergeben, daß die Überfallene, die auf dem Bahnhof Friedrichshagen beschäftigt ist, am Montagabend nach Dienstschluß um 23.45 Uhr einen Zug zur Heimfahrt bestiegen hatte. Mit ihr zusammen war auch der Täter in das Abteil zweiter Klasse, in dem sich sonst kein Fahrgast befand, eingestiegen. Als der Zug gerade den Bahnhof Hirschgarten verließ, öffnete der Unbekannte die Abteiltür, blickte zunächst nach dem Bahnsteig zurück und stürzte sich dann auf die Fahrkartenverkäuferin. Er warf sie zu Boden, und als die Überfallene sich heftig zur Wehr setzte, schleifte er sie zur Tür und stieß sie kurz hinter dem Bahnhof hinaus. Auf die Hilferufe der Frau eilte ein Bahnbeamter herbei und brachte die Verletzte, die hilflos zwischen den Gleisen lag, zum Bahnhof zurück (...). Später wurden die Handtasche mit Bargeld und verschiedene Gebrauchsgegenstände der Überfallenen auf dem Bahnkörper gefunden, so daß eine Raubabsicht bei dem Täter nicht vorgelegen haben kann. Bei dem Täter handelt es sich um einen Mann von etwa 28 Jahren, der etwa 1,65 Meter groß und von schmächtiger Figur war. Bekleidet war er mit einer Post- oder Eisenbahnuniform.»

Offiziell durfte es im Nazideutschland solche Kapitalverbrechen gar nicht geben, zumindest wenn es nach dem Willen von Gauleiter Goebbels ging. Im Juli 1941 wurde Hilfsweichensteller Paul Ogorzow von der Polizei festgenommen. Der 29-jährige war ein harmlos wirkender Familienvater und ein langjähriges Mitglied der NSDAP. Anfangs leugnete er die ihm zur Last gelegten Verbrechen, verwickelte sich aber mehrfach in Widersprüche. Als unscheinbarer Eisenbahner hatte sich Ogorzow sogar an einer öffentlichen Fahndung nach sich selbst beteiligt. Ein Sondergericht verurteilte den Triebtäter zum Tode und bereits am nächsten Morgen wurde Paul Ogorzow im Gefängnis Plötzensee enthauptet. Etwas mulmig in der Magengegend kann es einem noch heute werden, wenn man an diese furchtbare Verbrechensserie denkt und dabei an den Rummelsburger Laubenkolonien vorbeikommt, auch wenn ihre Namen Kolonie Sanssouci oder Kolonie Paradies so harmlos klingen.

Links befindet sich die Einfahrt in den Britzer Zweigkanal. Er dient der Binnenschiffahrt als Verbindung zum Teltow-Kanal sowie den Häfen Britz und Tempelhof. Außerdem kann über den Neuköllner Schiffahrtskanal auch der Landwehrkanal erreicht werden.

Nesthäkchen und Fontane im Eierhäuschen
Vom Plänterwald zur Oberbaumbrücke

Fußgänger und Radler können mit einem BVG-Fahrschein die Fähre F 11 benutzen, um auf die andere Spreeseite nach Oberschöneweide überzusetzen. Flussabwärts zeigt sich bald eine kleine Insel mit dem Namen Buttenbruch. Sie verdeckt einen Teil des in den fünfziger Jahren errichteten ehemaligen Rundfunkzentrums der DDR an der Nalepastraße. Der Bau des Architekten Franz Ehrlich gehört zu den herausragenden Werken der Baukunst in der DDR. Nach wenigen Monaten Bauzeit konnte 1951 der Sendebetrieb im Block A aufgenommen werden. Von hier aus gelangten alle überregionalen Hörfunkprogramme in die Wohnstuben der Republik, neben Radio DDR 1 und 2 auch Stimme der DDR, Berliner Rundfunk und Jugendradio DT 64. Nach dem 3. Oktober 1990 wurden der Hörfunk und das Fernsehen der DDR, gemäß dem Einigungsvertrag, noch bis zum 31. Dezember 1991 weitergeführt und danach abgewickelt. Seither befinden sich über 130 Mieter auf dem Gelände, die Hörspiel- und Musikstudios privat weiterbetreiben. Für alle Nutzer, darunter auch das Deutsche Filmorchester Babelsberg und die Firma «planet roc», ist die Zukunft in dem denkmalgeschützten Bau ungewiss.

Beim Blick über die Spree ist im Park des Rundfunkgebäudes ein gelandetes Ufo zu entdecken. Zumindest ist das der Eindruck der meisten Spaziergänger, die dieses merkwürdige Ding erstmals sehen. Der kleine Bau mit seinen ovalen Fenstern ist eine echte Rarität, denn weltweit existieren nur zwölf originale Exemplare. Der finnische Architekt Matti Suuronen hat 1968 das Futuro-Haus als transportable Skihütte entworfen, das dann komplett aus verstärktem Kunststoff gebaut wurde. Hauptgrund dafür, das nur so wenige Exemplare gebaut wurden, war die Ölkrise Anfang der siebziger Jahre, die den Kunststoffpreis in die Höhe und die fertigende Firma in die Pleite stürzte. Das Futuro-Haus am Ufer gehörte ursprünglich zum Spreepark auf der gegenüberliegenden Flussseite, wo es als Parkfunkstudio der Besucherinformation diente. Mit der Insolvenz des Vergnügungsparks landete es auf dem Schrott, wo es 1999 von einer Liebhaberin entdeckt wurde. Es bildete sich eine Interessengruppe, die das Futuro unbedingt erhalten wollten. Sie erwarben das Kunststoffhaus, das sich damals in einem erbarmungswerten Zustand befand. Mit einem Transporthubschrauber sollte 2003 das nach Herstellerangaben 2,5 Tonnen schwere Futuro an das andere Spreeufer gebracht werden. Als sich aber herausstellte, das es tatsächlich fast fünf Tonnen wog, kam der Hubschrauber nicht mehr in Betracht. So wurde ein Kran bestellt, der das Ufo an den Haken nahm und es auf ein Transportschiff

Das Futuro-Haus wird ans andere Ufer gebracht, 2003

hob, das seine ungewöhnliche Fracht sicher ans andere Ufer brachte, wo es wiederum vom Kran übernommen wurde. Seither wird das kleine Kunststoff-Ei originalgetreu restauriert.

Wird seit jeher die nördliche Uferseite von Industriebetrieben genutzt, hat sich auf der anderen Seite, hinter dem Britzer Zweigkanal, die Natur durchgesetzt und erhalten. Neunzig Hektar Wald tragen den für viele Ohren ungewohnten Namen Plänterwald. Seine Entstehung und die heute noch vorhandene Struktur verdanken wir dem damaligen Gartendirektor Gustav Meyer. Ihm gelang es seinerzeit, die Stadtverordnetenversammlung von seiner Idee einer großzügigen Aufforstung zu überzeugen. Das war nicht einfach, da das Brachland bis dahin von Gardeschützen und Pionieren für ihre Felddienstübungen genutzt wurde. Die Militärverwaltung hatte bereits geplant, das Gelände käuflich zu erwerben, um einen Schießübungsplatz einzurichten.

Diese Pläne machte nun der Gartendirektor mit seiner Waldidee zunichte. Die gesamte Aufforstung und anschließende Bewirtschaftung sollte im «Plänterbetrieb» vor sich gehen. «Pläntern» ist ein süddeutscher Begriff und bedeutet das Auslichten und Verjüngen von Waldbeständen durch Entnahme von dickstämmigen Bäumen. Als 1876 die Aufforstung begann, wurden jedes Jahr vierzig Morgen neu mit Bäumen unterschiedlichen Alters bepflanzt. Der Wald wuchs und entwickelte sich, und nach einigen Jahren konnte mit der Bewirtschaftung begonnen werden. Von nun an wurden immer die ältesten Bäume herausgenommen und sofort durch junges Gehölz ersetzt. So wird ein Wald zu einer Daueranlage.

In der jüngeren Vergangenheit empfanden die Waldbesitzer das als zu umständlich, da die Stämme nur mit Arbeitspferden herausgezogen werden konnten, was mehr Zeitaufwand bedeutete. Es war einfacher, einen Wald komplett, mit immer moderner werdenden Sägen und Maschinen, abzuholzen und die dann kahle Stelle komplett aufzuforsten. Das allerdings zerstört die Böden und was dann nachwächst, hat mit einem «gewachsenen» Wald nichts mehr gemein. Heute ist eine vorsichtige Rückkehr zu schonender Forstbehandlung zu beobachten. Versuchsweise werden schon wieder kräftige Kaltblüterpferde eingesetzt, die in der Lage sind, die abgesägten Stämme aus einem bestehenden Wald herauszuziehen, denn Trecker lassen sich beim Pläntern nur bedingt einsetzen.

Unser Plänterwald, am Ufer der Spree, hat diese Bewirtschaftung, die ihm einmal den Namen gab, jahrzehntelang nicht erfahren, und so ist der ursprüngliche Charakter als Waldpark heute kaum noch erkennbar. Erst seit Beginn der neunziger Jahre hat man sich an die Vision von Gustav Meyer wieder erinnert und praktiziert die Forstbewirtschaftung entsprechend. Vögel und andere Waldbewohner werden es zu schätzen wissen. Seit 1998 steht der Plänterwald unter Naturschutz.

Verdeckt von Bäumen taucht am Ufer ein trostlos wirkendes Gebäude auf, das mit dem Plänterwald stets eng verbunden war, das Eierhäuschen. Der heutige Zustand lässt nicht erahnen, dass es sich bei diesem Bau um ein historisches Kleinod handelt, das durch Theodor Fontane und Else Ury in die Literatur einging.

Um das Jahr 1820 eröffnete in einem nicht mehr benötigten Wächterhäuschen eine kleine Schifferkneipe. Der Bau war altersschwach und das Angebot an Speisen und Erfrischungen nicht herausragend. Die reizvolle Landschaft, die das Gebäude umgab, sowie die freundlichen Wirtsleute trugen erheblich dazu bei, daß aus der kleinen Kneipe bald ein beliebtes Ausflugsrestaurant wurde. Aus dieser Zeit stammt der etwas merkwürdig anmutende Name, über dessen Bedeutung Generationen von Heimatforschern vehement gestritten haben. Einige meinten, dass der einstige Wächter der Holzablage sich einige Hühner hielt, deren Eier er hartgekocht an Spaziergänger verkaufte. Andere vertraten die Ansicht, dass Wassersportler nach dem ersten Anrudern im Frühjahr vom Gastwirt mit einem Eiergeschenk belohnt wurden. Kurt Pomplun gibt in seinem «Großen Berlin Buch» zu bedenken, dass «Berlins ältester Ruderverein erst 1876 gegründet wurde» und hält es für «wahrscheinlicher, dass der auf dem Eierhaus ansässige Kolonist seine Abgaben an die Obrigkeit in

Das wiederaufgebaute und heute ungenutzte «Eierhäuschen»

Form von Naturalien entrichten musste». Zu diesen zählten damals, wie das Landbuch von Kaiser Karl IV. Auskunft gibt – eben Eier und Rauchhühner.

Wie dem auch sei, 1869 brannte das Eierhäuschen vollständig nieder. Der Wirt, der das Gebäude vom Magistrat gepachtet hatte, ließ auf seine Kosten einen Neubau errichten und wurde zum Ausgleich für anderthalb Jahre von den Pachtzahlungen befreit. Zwanzig Jahre existierte das neue Restaurant, dann wurde auch dieser Fachwerkbau ein Opfer der Flammen. An gleicher Stelle entstand nun der heutige erheblich größere Bau, in dessen Gasträumen sich Heerscharen von Ausflüglern, nach einem Spaziergang am Spreeufer, bei Speis' und Trank erholten.

Die Berliner Autorin Else Ury lässt ihre in mehreren Bänden beschriebene Heldin, «Nesthäkchen», nach einem Spaziergang hier einkehren, und auch Theodor Fontane widmet sich dem Eierhäuschen. In seinem «Stechlin», der erst 1899, ein Jahr nach Fontanes Tod, in Buchform erscheint, lässt der Autor eine Gesellschaft zu einem Ausflug in den Plänterwald aufbrechen. Die Einladung dazu entnehmen wir einem Brief der jungen Melusine an Woldemar: «Das Ziel unserer Reise hat einen ziemlich sonderbaren Namen und heißt das ‹Eierhäuschen›. Ich werde seitdem die Vorstellung von etwas Ovalem nicht los und werde wohl erst geheilt sein, wenn sich mir die so sonderbar benamste Spreeschönheit persönlich vorgestellt haben wird. Also morgen, Donnerstag: Eierhäuschen. Ein ‹Nein› gibt es natürlich nicht. Abfahrt vier Uhr, Jannowitzbrücke. Papa begleitet uns.»

Fontanes Spaziergänger «rechnen auf etwas extrem Idyllisches und erwarten (...) einen Mischling von Kiosk und Hütte. Da harrt ihrer aber eine grausame Enttäuschung. Das Eierhäuschen ist ein sogenanntes ‹Lokal›, und wenn uns die Lust anwandelt, so können wir da tanzen oder eine Volksversammlung abhalten. Raum genug ist da.»

Dieses üppige Raumangebot wurde von den Ausflüglern bis 1960 genutzt, dann wurde das Restaurant geschlossen. In den siebziger Jahren wurden Teile des Gebäudes nochmals als Restaurant eröffnet. Da aber für den Erhalt des Gebäudes nichts getan wurde, verfiel es zusehends. Der letzte Betreiber des «Spreeparks», eine äußerst windige Figur, hatte mit dem Rummelplatz und dem Eierhäuschen zwar große Pläne, die er gebetsmühlenartig immer wieder über die Medien verkündete. Als dann herauskam, dass er seine Karussells nicht nur zur Freude der Rummelplatzbesucher, sondern auch zum Kokainschmuggel von Südamerika nach Europa benutzte, landete er im Gefängnis.

Bis zum heutigen Tage haben sich alle Pläne zur Wiedereröffnung des Vergnügungsparks und einer neuen Nutzung des Eierhäuschens in Luft aufgelöst. Statt Kaffee und Kuchen ist weit und breit nur Unkraut zu sehen, und nicht nur an der dunkelroten Klinkerfassade nagt der Zahn der Zeit.

In einer kleinen Bucht hinter dem Plänterwald taucht nah dem Ufer eine Insel auf, die ursprünglich gar keine Insel war. Es handelte sich um eine mit Schilf bewachsene Sandbank, die in alten Karten als «Treptower Bruch» eingezeichnet war. Diese Sandbank erwarb um 1860 Emil Heinicke aus Rixdorf, der hier Abfall und Erde aufschütten ließ und so zum Inselbesitzer wurde. Diese neue Insel hatte bald eine Fläche von 1,8 Hektar. Der Herr des Eilands verlor sein Leben, als er auf dem Müggelsee sein neues Segelboot ausprobierte, was wiederum zeigt, dass die Gefährlichkeit des Sees nicht unterschätzt werden sollte. Der Schwiegersohn des Ertrunkenen begann nun die Insel zur Aufzucht von belgischen Fleischkaninchen zu nutzen, eine Geschäftsidee, die allerdings nicht von Erfolg gekrönt war. Mehrfach wechselten in der Folgezeit die Besitzer, bis die Spreeinsel 1896 in den Ausstellungsbereich der Gewerbeausstellung mit einbezogen wurde. Es entstand eine Gaststätte, gebaut im Stil einer schottischen Klosterruine, was der Insel den Namen «Abtei-Insel» einbrachte.

Anfangs konnte das Inselllokal nur mit einer Fähre erreicht werden. Als dann erste Pläne über einen möglichen Brückenbau bekannt wurden, bildete sich dagegen Widerstand der anderen Treptower Ausflugsgaststätten, die eine stärkere Konkurrenz befürchteten. Auch gab es Auseinandersetzungen zwischen Treptow und Stralau, zu wem nun eigentlich die Insel gehör-

Die Abteibrücke, Insel der Jugend

te. Während die beiden Gemeinden noch stritten, kaufte die Stadtgemeinde Neukölln im Jahr 1913 die Insel und zahlte dafür eine halbe Million Mark. Über die Motive Neuköllns wurde vermutet, dass dieser Kauf ein erster Schritt zur Eingemeindung Treptows sei. Die Neuköllner bauten 1916 die Abteibrücke als erste Bogenbrücke aus Stahlbeton in Deutschland. Ein Wermutstropfen bei der Eröffnung war, dass die Abtei-Gaststätte schon kurz nach Baubeginn der Brücke abbrannte. Den Krieg überstand die Brücke unbeschädigt, so dass einige Monate nach Gründung der DDR ein Jugendclubhaus auf der Insel entstand, was zur Umbenennung des Eilands in «Insel der Jugend» führte. Wer heute die siebzig Meter lange Brücke überquert, kann am Brückenturm noch immer das Wappen Neuköllns entdecken.

Anfang des 19. Jahrhunderts wurde das Vorwerk Treptow aufgelöst und das dazugehörige Terrain nun parzelliert und verpachtet. Nach Wunsch der städtischen Behörden sollte am Spreeufer ein Gasthaus für die Bedürfnisse des feineren Publikums erbaut werden. Die Behörden versprachen sich davon auch höhere Pachteinnahmen. Damit der Bau auch wirklich repräsentativ ausfiel, erhielt der Architekt Carl Ferdinand Langhans, ein Sohn des Baumeisters unseres Brandenburger Tores, den Auftrag. In nur einem Jahr Bauzeit entstand ein wahrer «Tempel der Lebensfreude». An den zweigeschossigen Mittelbau grenzten zu beiden Seiten einstöckige Seitentrakte. Eine Vorhalle mit sechs dorischen Säulen bildete den Eingang von der Wasserseite. Von terrassenförmig ansteigenden Balkonen hatten die Besucher einen hervorragenden Blick über die Spree auf die Halbinsel Stralau. Die Pächter

Spreeufer am Gasthaus Zenner. Gemälde von Rentzel, um 1840

des «Gasthauses an der Spree» wechselten mehrfach, bis die Familie Rudolf Zenner das Treptower Ausflugsrestaurant zu einem Inbegriff für Berliner Gastronomie machte. Im Krieg zerstört, erfolgte in den fünfziger Jahren der Wiederaufbau durch Hermann Henselmann, einem der Erbauer der Stalinallee. Auch wenn der Bau nun verändert aussah und die Bewirtschaftung «volkseigen» war, der Name «Zenner» blieb, bis zum heutigen Tage. Bald nach der Wende übernahmen die Besitzer der «Eierschale», einst legendärer Jazz-Kellerkneipe am Breitenbachplatz, die Regie bei «Zenner». Jazz im Biergarten am Wasser genossen, passen hervorragend zusammen und so herrscht bei gutem Wetter an den Sonntagen gute Stimmung, und die Musik durchdringt kraftvoll die reizvolle Parklandschaft.

Die Geschichte des Treptower Parks begann im Jahre 1829 mit dem Kahlschlag der Cöllnischen Heide. Der gesamte abgeholzte Baumbestand brachte frisches Geld in das chronisch leere Stadtsäckel. Zurück blieb 35 Jahre lang eine nahezu kahle Fläche. Immer wieder forderte die Bevölkerung einen großen Park, auch um mehr lufthungrige Berliner zur Erholung nach Treptow zu locken. 1864 wurde durch die städtische Parkdeputation entschieden, das gesamte Gelände vom Spreeufer bis zur heutigen Straße Am Treptower Park in eine Parkanlage umzugestalten. Als Gustav Meyer einen ersten Entwurf für die Anlage vorstellte, war die Parkdeputation sehr angetan, lehnte ihn aber wegen der Kosten von 60.000 Talern ab. So blieb erst einmal für die nächsten zehn Jahre alles beim alten. Danach reichte Gustav Meyer einen zweiten Entwurf ein. Er entschied sich dabei gegen einen Landschaftspark und gab einem Erholungspark für die ganze Familie den Vorzug. Große Liegewiesen und mehrere Kinderspielplätze standen im Mittelpunkt seiner Planung. Meyer betonte bei seiner erneuten Entwurfsvorstellung, dass der Südosten Berlins unbedingt eine grüne Lunge zum Atmen benötigt, zumal sich die Stadt in den kommenden Jahren noch weiter ausdehnen werde.

Gustav Meyer war erst Schüler und später Assistent von Peter Joseph Lenné. Dieser war es auch, der Meyer ermutigte, sich am Wettbewerb um die Treptower Parkanlage zu beteiligen. Prominente Unterstützung erfuhr er auch von Rudolf Virchow, der Meyer für das Amt des Berliner Gartenbaudirektors vorschlug. Die Anlage des Parks war eine gewaltige Aufgabe, bei der 135.000 Kubikmeter Boden bewegt werden mussten. Viele Bäume und etwa 70.000 Gehölze waren zu pflanzen, und das Wegenetz erforderte 60.000 Kubikmeter Steine und 80.000 Kubikmeter Kies.

Die Fertigstellung seiner Parkanlage hat Meyer nicht mehr erlebt, da er im Alter von nur 61 Jahren 1877 verstarb. Sein Nachfolger im Amt wurde Hermann Mächtig, der die Arbeiten seines Vorgängers fortsetzte und um die Anlage des großen Karpfenteiches noch erweiterte. 1881 erwarb die Stadt Berlin auch die Wiesen der Sankt-Petri-Gemeinde am Spreeufer, so dass der Park bis ans Wasser ausgedehnt werden konnte.

Gustav Meyer hätte sich vermutlich im Grabe umgedreht, wenn er erlebt hätte, dass sein schöner Treptower Park schon bald nach Fertigstellung zu Ausstellungszwecken genutzt werden sollte und dabei Zehntausende Besucher die frischen Gehölze zertrampelten. 1894 diente der Park als Ausstellungsfläche «Der Allgemeinen Deutschen Landwirtschaftlichen Wanderausstellung». Obwohl diese nur wenige Tage stattfand und keine festen Bauten errichtet wurden, waren die Schäden beträchtlich.

Diese Schäden wurden anschließend auch nicht behoben, da zu diesem Zeitpunkt bereits feststand, dass der Park zwei Jahre später für die Berliner Gewerbeausstellung, vom 1. Mai bis 15. Oktober 1896, genutzt werden sollte. In Kulissenbauweise entstand nun Alt-Berlin, ein großes Alpenpanorama, Kairo mit seinen Pyramiden und zahlreichen Palmen, ein ganzes afrikanisches Dorf sowie ein venezianischer Gondelteich. Nahezu viertausend Aussteller sorgten dafür, dass die Leistungsschau von Berliner Handwerk und Gewerbe sich fast mit einer Weltausstellung messen konnte. Auf einer vierhundert Meter langen und 120 Meter breiten künstlichen Wasserfläche wurden große Marineschlachten für die Besucher aufgeführt. Außerdem gab es neben einem großen Vergnügungspark mit Tierzirkus eine Wasserbahn und einen Fesselballon zu bestaunen. Eine Parkeisenbahn verband alle Sehenswürdigkeiten miteinander.

Schon vor Ende der Leistungsschau gab es Streit darüber, ob die Ausstellungsbauten im Park verbleiben sollten, da ihr Wert beträchtlich sei und sie vermutlich noch längere Zeit zahlreiche Besucher nach Treptow locken würden. Erst massive Proteste der Bevölkerung, die auf ihren Erholungspark nicht länger verzichten wollten, führten zur Wiederherstellung der Parkanlage. Die Arbeiten zogen sich anderthalb Jahre hin, bis der Park den Berlinern wieder übergeben wurde.

Was blieb zurück von der Gewerbeausstellung? Treptow hat davon profitiert. Es gab nun breitere Zufahrtsstraßen, Kanalisation, eine neue Pflasterung vieler Straßen, Beleuchtung und erheblich verbesserte öffentliche Verkehrsmittel. Die Bahn hatte einen Sonderbahnhof «Ausstellung» errichtet, der nun überflüssig war. Er wurde sorgsam auseinandergebaut und in Potsdam als «Bahnhof Wildpark» neu errichtet. Den Berlinern blieb die Sternwarte Treptow mit der von Friedrich Simon Archenhold gebauten, 21 Meter langen «Himmelskanone» und die sogenannte «Knüppelbahn».

Wegen ungeahnter Schwierigkeiten beim Bau der Sternwarte konnte diese erst mehrere Wochen nach Eröffnung der Gewerbeausstellung und dann auch nur provisorisch, den Betrieb aufnehmen. Noch mehr Verspätung gab es mit der Tunnelbahn, die unter der Spree hindurchfahren sollte, um die Halbinsel Stralau mit dem Ausstellungsgelände zu verbinden. Sie war als eine der Hauptattraktionen gedacht. Als sie endlich feierlich eingeweiht werden konnte, war die Ausstellung bereits drei Jahre vorbei.

Begonnen hatten die Planungen bereits im Jahre 1891, als die AEG dem Magistrat die Anlage eines Berliner U-Bahn-Netzes schmackhaft machen wollte. Berlin lag diesbezüglich weit zurück, wenn man bedenkt, dass London bereits 1824 mit den Arbeiten am ersten Themsetunnel begonnen hatte und 1863 die erste Underground-Linie eröffnete. Die Berliner Behörden waren zögerlich und hielten den Berliner Baugrund für zu schwierig, worauf die AEG anbot, außerhalb der Stadt, unter extrem ungünstigen Bedingungen, zu bauen. Der Tunnel sollte die beiden Ausflugsziele Treptow und Stralau miteinander verbinden und gleichzeitig zum «Angstabbau» in den Behörden, aber auch bei vielen Berlinern beitragen. Die Stralauer Gemeindeverwaltung zeigte sich aber nur bereit, dem Tunnelbau zuzustimmen, wenn durch ihn nach Fertigstellung eine Straßenbahn fahren würde. Schon lange hatte man sich eine auf die Halbinsel führende Straßenbahnverbindung gewünscht, was bis dahin bei den verantwortlichen Behörden auf taube Ohren stieß.

1895 begannen die Bauarbeiten im Brustschildvortrieb, der damals modernsten Methode. Schwemmsand und mehrfach eindringendes Grundwasser führten immer wieder zu Verzögerungen. Obwohl die Bahn nicht wie geplant zur Ausstellung fahren konnte, waren aber schon die Besichtigungen des bis dahin fertiggestellten Tunnelstücks ein Publikumsmagnet. Am 18. Dezember 1899, wenige Tage vor der Jahrhundertwende, konnte der

Tunnelbahn, Einfahrt Stralau, um 1900

Tunnel eingeweiht werden. Die neue Straßenbahnlinie begann am Schlesischen Bahnhof (heute Ostbahnhof) und fuhr entlang der Spree auf die Halbinsel. Hinter der Dorfkirche und dem Friedhof führten die Schienen nach rechts, abwärts in den Tunnel und dann unter der Spree hindurch zum Treptower Park. Die Röhre war insgesamt 454 Meter lang und hatte einen Durchmesser von vier Metern. Ihr Eisenmantel war einen Zentimeter stark und zusätzlich von einer zehn Zentimeter dicken Zementschicht umgeben. Der tiefste Punkt der Röhre lag zwölf Meter unter der Wasseroberfläche.

Der Verkehr führte eingleisig durch den Tunnel. Um Unfälle zu vermeiden, gab es die Regel, dass nur der Fahrer mit seiner Bahn in die Röhre einfahren durfte, der den «Knüppel» hatte. Ein einfacher Holzstab regelte so wirkungsvoll den Verkehr. Erreichte die Bahn nach zwei Minuten Tunnelfahrt wieder das Tageslicht, übergab der Fahrer den «Knüppel» an seinen entgegenkommenden Kollegen, der nun die Spree unterqueren konnte. Dennoch kam es 1916 zu einem «Begegnungsfall», als ein Fahrer ohne «Knüppel» in den Tunnel fuhr. Zum Glück passierte nicht viel, die Fahrgäste kamen mit dem Schrecken davon.

Drei Jahrzehnte fuhr die Bahn mit stattlichem Defizit unter der Spree hindurch, da es zu wenig Fahrgäste gab, die auf die andere Uferseite wollten. Als nach mehrfachem Wassereinbruch das Geld für dringende Reparaturarbeiten fehlte, kam es am 15. Februar 1932 zum letzten Knüppel-Wechsel. Bis zum Zweiten Weltkrieg konnten Fußgänger den Tunnel noch benutzen, dann fiel die Tunnelbeleuchtung aus, und später lief er voll Wasser. Nach der Wende wurde der Tunnel noch einmal geöffnet, um einen Blick hineinzuwerfen. Immer wieder hatte es Gerüchte um versteckte Kunstschätze gegeben, und manche hofften sogar, das verschollene «Bernsteinzimmer» vorzufinden. Der Öffnung folgte Ernüchterung. Die Röhre war halb vollgelaufen, und im trüben Wasser schwammen nur einige Schulbänke, die zu DDR-Zeiten dort offenbar untergestellt worden waren.

Der Tunnelverlauf ist noch heute zu erkennen. Auf Stralauer Seite befand sich die Einfahrt zwischen dem Friedhof und dem einstigen Verwaltungsgebäude der Berliner Ostbahnen (Tunnelstraße 12). Die Treptower Ausfahrt flankierte eine kleine, zum Ufer führende Baumallee, die noch besteht.

Im zentralen Bereich des Treptower Parks, zwischen Puschkinallee und der Straße Am Treptower Park, befindet sich, nah dem Karpfenteich, das Sowjetische Ehrenmal. Zwischen 1947 und 1949 in einer Rekordzeit von nur zwei Jahren errichtet, ist es nicht nur sichtbares Zeichen des Sieges über Nazideutschland, sondern auch letzte Ruhestätte für fünftausend der nahezu zwanzigtausend im Kampf um Berlin gefallenen Sowjetsoldaten. An einem 1946 ausgeschriebenen Wettbewerb, zu dem mehr als vierzig Entwürfe eingereicht wurden, hatten sich auch der Bildhauer Jewgeni Viktorowitsch Wutschetitsch und der Architekt Jakow B. Belopolski beteiligt. Ihr Entwurf sah vor, mit den Mitteln von Architektur, Landschaftsgestaltung und Skulptur die inhaltliche Vorgabe umzusetzen. Gehuldigt werden sollte nicht einem einzelnen Heerführer, auch nicht nur der siegreichen Armee, sondern dem ganzen Sowjetvolk. Als Zeichen des Sieges über Nazideutschland wurde, wie auch bei dem Ehrenmal im Tiergarten, Marmor der zerstörten Reichskanzlei mit verarbeitet.

Zwei steinerne Portale bilden den Zugang zur monumentalen Anlage. In einem Vorhof steht die Skulptur Mutter Heimat auf einem roten Granitsockel, herausgemeißelt aus einem einzigen fünfzig Tonnen schweren Block hellgrauen Granits. Sie soll Trauer, aber auch Stolz über den errungenen Sieg ausdrücken. Eine leicht ansteigende Promenade führt zum eigentlichen Haupteingang. Er wird von zwei 14 Meter hohen und 25 Meter breiten Pylonen aus rotem Granit flankiert, die gesenkte sowjetische Fahnen symbolisieren. Vor diesen Fahnen knien zwei überlebensgroße Sowjetsoldaten aus Bronze. Der Weg zum Hauptmonument führt an fünf tiefer gelegten eingefassten Rasenflächen vorbei. In ihrer Mitte tragen Granitplatten bronzene Kränze aus Lorbeer- und Eichenblättern. Zu beiden Seiten sind jeweils acht steinerne Sarkophage angeordnet. Die Reliefs auf diesen Sarkophagen zeigen Darstellungen der Geschichte des «Großen Vaterländischen Krieges».

Herzstück der Anlage ist das auf einem Erdhügel erbaute Mausoleum, das altrussischen Heldengräbern, so wie man sie in der Donebene findet, nachempfunden ist. Auf dem Mausoleum erhebt sich das von Wutschetitsch geschaffene siebzig Tonnen schwere Bronzestandbild eines Sowjetsoldaten. Mit seinem Schwert hat er gerade das Hakenkreuz zerschlagen, auf dem Arm trägt er ein gerettetes Kind, das sich schutzsuchend an ihn schmiegt. Diese Darstellung wurde später immer wieder mit der Rettung eines deutschen Mädchens durch einen sowjetischen Soldaten in Zusammenhang gebracht. Das Ereignis soll sich an der nahen Elsenstraße zugetragen haben und wurde durch den russischen Schriftsteller Boris Polewoi überliefert. Dieser hatte in einer Frontreportage für die «Prawda» berichtet, dass der ihn begleitende Obersergeant Trifon Lukjanowitsch ein kleines Mädchen gerettet hätte, das weinend neben seiner toten Mutter saß. Das Mädchen überlebte den Krieg, während der Obersergeant wenig später von einem deutschen Soldaten erschossen wurde. An seine mutige Tat erinnerte jahrzehntelang eine Gedenktafel an der Elsenstraße, nah dem S-Bahnhof Treptower Park. 1999 fand ein Journalist heraus, das die so schön klingende Geschichte purer Schwindel war, erdacht von Boris Polewoi für die Prawda. Daraufhin ließ das Treptower Bezirksamt die Tafel entfernen und übergab sie dem Archiv des Heimatmuseums.

Nun wurde durch das Deutsch-Russische Museum in Karlshorst nachgeforscht und festgestellt, dass es einen Obersergeanten Nikolai Massalow im 220. Gardeschützenregiment gab, der am 30. April 1945 im Kugelhagel zwischen den Frontlinien, nahe dem Landwehrkanal unter der Potsdamer Brücke, ein dreijähriges Mädchen rettete, das neben einer toten Rot-Kreuz-Schwester saß und weinte. Nach Aussage des Direktors des Deutsch-Russischen Museums ist diese Geschichte verbürgt, da sie Marschall Tschuikow so in seinen Memoiren beschrieb. Das Mädchen von damals wurde nie ermittelt, ihr Retter verstarb 2001 im sibirischen Kemerowo. Der Bildhauer Wutschetitsch betonte bei späteren Anfragen mehrfach, dass er bei seiner Gestaltung der Figur des Sowjetsoldaten nie an eine konkrete Begebenheit oder eine bestimmte Person gedacht habe.

Links die Spree, rechts der Rummelsburger See und in der Mitte die schlanke Halbinsel Stralau. Archäologische Funde belegen, dass es dort bereits zur Steinzeit und in germanischer Zeit Siedlungen gab. Während der Völkerwanderung ließen sich Wenden nieder, auf die mit großer Wahrscheinlichkeit der Name des Dorfes zurückgeht, denn «Strala» oder «Strela» bedeutet im wendischen «Pfeil», im Sinne von Landzunge.

Ein Thidericus de Stralow wird erstmals 1240 erwähnt. Das Dorf selbst tritt erst 1358 in Erscheinung, als es samt Gutshof und See von Berlin/Cölln erworben wird. Vierzig Jahre später ist der Ort im Berlinischen Stadtbuch mit elf Fischerhöfen eingetragen. 1464 konnte nach fünfjähriger Bauzeit die einschiffige Kirche eingeweiht werden. Der ursprünglich hölzerne Anbau des Turms wurde 1824 durch einen Massivbau nach Entwurf von Friedrich Wilhelm Langerhans ersetzt. Den Turm schmückt ein auf einer Kugel stehendes Kreuz. Der Tradition entsprechend hatte der Baumeister in der Kugel Baudokumente, eine Tageszeitung und einige Münzen deponiert, in diesem Fall sogar ein Sparbuch mit einem Guthaben von 25 Talern. Als 1906, nach einem Blitzschlag, das Turmdach neu gedeckt werden musste, wurde das Sparbuch entdeckt. Es erwies sich als noch gültig, und die Einlage war in 83 Jahren, mit Zins und Zinseszins, auf 1100 Mark angestiegen, wovon die gesamte Reparatur bezahlt werden konnte. Nach Ende des Krieges wies die Kirche starke Schäden auf. Ein Bombentreffer hat bleibenden Schaden hinterlassen, der Turm steht seither schief, was besonders gut von der Spree aus zu sehen ist.

Befand sich das Dorf ursprünglich direkt gegenüber der Kirche, musste es Mitte des 13. Jahrhunderts, wegen häufiger Überschwemmungen, um fünfhundert Meter nach Westen verlegt werden. Der Grund für den gestiegenen Wasserspiegel der Spree war der zwischen Berlin und Cölln aufgeschüttete Mühlendamm, der die Schwesterstädte verband und gleichzeitig den Bau von mehreren Wassermühlen in Berlin/Cölln ermöglicht hatte. Dadurch wurde die Hauptspree zur «Sackgasse» und das Wasser wurde aufgestaut, was nicht nur für das Dorf Stralau ein Problem darstellte.

Überregionale Bekanntheit erlangte Stralau durch den erstmals 1574 nachgewiesenen Stralauer Fischzug. Kurfürst Johann Georg hatte eine Schonfrist verordnet, in der es den Fischern verboten war, ihre Netze auszuwerfen. Sie begann am Gründonnerstag vor Ostern und endete am 24. August, dem Bartholomäustag. Von da an durften die Fischer wieder mit großem Garn fischen. Am ersten Tag der Fangsaison wurden fünf Mal die Netze eingeholt. Der Erlös der ersten vier Fischzüge war das Jahresgehalt des Pfarrers, der fünfte Zug kam der Gemeinde zugute. Anschließend wurde kräftig gefeiert. Was als Dorffest begann, entwickelte sich ab 1780 zum populären Volksfest. Damals wandte sich der jüngste Bruder Friedrichs des Großen, Prinz Ferdinand, an den Berliner Magistrat mit der Bitte, dafür zu sorgen, dass der Fischzug ausnahmsweise erst um neun Uhr beginnen möge, da er mit Frau und Kindern daran teilzunehmen gedenke.

Lange war das Volksfest ein jährlich wiederkehrendes Ereignis, auf das sich die Besucher schon Wochen zuvor freuten. Dann gab es irgendwann Abnutzungserscheinungen. Chronisten klagten: «Der Pöbel erging sich und ergeht sich wohl auch noch dabei in abschreckender Rohheit, und am Abend kehrte die ganze Bande betrunken zurück. Man sagte, dass drei Monat vor dem Stralauer Fischzuge in Berlin die meisten Kinder geboren werden». Adolf Heilborn brachte in seiner «Reise nach Berlin» die Kritik auf den Punkt: «Der Stralauer Fischzug ist tot, im August 1914 gestorben, und ehrlich gesagt, das ist nicht mal allzuschade, er war längst schon altersschwach und verkalkt, ein lebendiger Leichnam. Was sollte auch der Berliner von heute mit einer so harmlos ausgelassenen Lustigkeit wie sie beim Fischzug traditionell war, denn noch beginnen? ‹Rummel› hat er allenthalben das ganze Jahr – nein, der Fischzug ist tot und begraben und liegt wohl in irgend einem Winkel des wunderbaren kleinen Kirchhofs da draußen an der Spree.»

Dem ist nichts hinzuzufügen, auch wenn immer wieder mal versucht wird, dem Toten neues Leben einzuhauchen – vergebens! Also besuchen wir lieber den kleinen idyllisch am Wasser gelegenen Kirchhof. Auf ihm sind viele Gräber von Binnenschiffern zu finden. Der Ort war ihnen sehr vertraut, da sie immer dann, wenn im Winter die Spree zugefroren war, mit ihren Schiffen hier an der Kaimauer längs lagen und auf Tauwetter warteten. So haben sich einige den Ort für ihre letzte Ruhe ganz bewusst ausgesucht.

An Gräbern der alteingesessenen Stralauer Familien ist nicht sehr viel zu finden. 1852 starb der Dorfschulze Johann Wilhelm Kracht. Ein anderer Grabstein der Familie erinnert an den Amtsvorsteher und Grundbesitzer Louis Kracht, nach dem eine Stralauer Straße benannt ist. Häufig ist der Name Tübbecke zu lesen. Da gab es Fischereigutsbesitzer, Dorfschulzen, Kirchenvorsteher, Gärtnereibesitzer. Außerdem gehörte die bekannteste Kneipe der Insel den Tübbeckes. Das Lokal befand sich direkt neben der Dampferanlegestelle, wo die Dampfer von der Jannowitzbrücke anlegten.

Viele Stralau-Besucher kamen nur wegen dieses Lokals hierher. Stralau ohne Tübbecke war für sie wie Rom ohne Papst. Die alten Wirtsleute müssen wahre Originale gewesen sein. Er immer mit Perücke und Klotzpantinen, seine Frau «thronte in ihrer ganzen thusneldamäßigen Leiblichkeit und Würde» hinter dem Tresen. Nachzulesen bei Fontanes «L'Adultera», die Szene in «Löbbekes» Kaffeehaus. Tübbecke gibt es nicht mehr. Da wo einmal das Haus stand, gedenkt ein 1964 aufgestellter Gedenkstein des Berliner Studenten Karl Marx, der 1837 hier in Alt-Stralau Nr. 4 den ärztlich empfohlenen Landaufenthalt genossen hat.

1881 begann für Stralau mit Eröffnung der Rengertschen Palmkernöl- und Schwefelkohlenstoffabrik die Industrialisierung. Es folgten Bootswerften, eine Jutespinnerei und die Schaarschuhsche Brauerei, die später Engelhardt Bier braute. 1889 nahm dann auch die Stralauer Flaschenfabrik, aus der sich später die Stralauer Glashütte entwickelte, ihren Betrieb auf. Sie war in Ost-

Blick auf die Liebesinsel bei Stralau, um 1900

Berlin ein wichtiger Exportbetrieb, der allerdings durch Versäumnisse bei der Entsorgung schwerste Bodenschäden verursachte.

Von der Spitze der Halbinsel bietet sich dem Betrachter ein reizvoller Blick über die Spree und die Rummelsburger Bucht. In südlicher Richtung ist «Zenner», die Insel der Jugend und der Plänterwald zu sehen. Zwei kleine Inseln, die rechte heißt Kratzbruch, die andere ist die Liebesinsel, trennen die Spree vom Rummelsburger See. Hinter der Insel Kratzbruch ist am gegenüberliegenden Spreeufer das heutige Heizkraftwerk Rummelsburg zu sehen, das aus dem 1926 fertiggestellten Großkraftwerk Klingenberg hervorging. Das Kraftwerk erhielt den Namen seines Konstrukteurs Georg Klingenberg, der während der Bauzeit verstorben war. Als Leiter der Kraftwerksabteilung der AEG hatte Klingenberg die Vorteile der Kohlenstaubfeuerung erkannt, die zu einem höheren Wirkungsgrad führte.

Verdeckt durch eine Reihe von Pappeln ist das ehemalige Gefängnis Rummelsburg zu entdecken. Nach Entwurf von Hermann Blankenstein errichtet, dienten die 1879 fertiggestellten Gebäude als Arbeitshaus. Erst ab 1951 wurde der Komplex zum Untersuchungsgefängnis. Aus dieser Zeit stammen auch die Pappeln, die bewusst die Sicht auf die Zellenfenster verdecken sollten. In den achtziger Jahren entwurzelte ein Sturm drei der Bäume und gab so den überraschenden Blick auf einen Teil der Fassade frei. Nach der Wende war auch Erich Honecker zeitweise hier inhaftiert. Später wurde das Gefängnis verkauft, entkernt und im Inneren entstanden Luxus-Eigentumswohnungen.

An der Rummelsburger Bucht begann die bewundernswerte Karriere eines Mannes, der vor 175 Jahren geboren wurde und dessen Name bis zum

Rummelsburger Bucht, im Hintergrund das ehemalige Gefängnis

heutigen Tag eng mit Berlin verbunden ist – Carl Bolle. Der aus der Mark stammende gelernte Maurermeister wollte eigentlich Missionar werden. Vielleicht war es sein stetig sprudelnder Ideenreichtum, der ihn dann in eine ganz andere berufliche Richtung drängte.

Mit Bauspekulationen hatte er früh den Grundstein für weitere Unternehmungen gelegt. Er betrieb einige Zeit einen Fischhandel und stellte dabei fest, dass Fisch im Sommer nur frisch bleibt, wenn er gut gekühlt wird. Dazu benötigte man viel Eis und das brauchten nicht nur Fischhändler, auch Fleischer, Brauereien und Gaststätten waren in der warmen Jahreszeit darauf angewiesen. Nach dieser Erkenntnis ließ der findige Unternehmer den Fischhandel sein und wurde Berlins größter Eislieferant.

Er pachtete den Rummelsburger See und ließ in Ufernähe riesige Holzschuppen errichten. Sie hatten doppelte Holzwände, deren Zwischenräume mit Holzwolle und Sägespänen ausgefüllt waren. Diese Holzbauten konnten dank der Isolierschicht die Kälte besser halten als gemauerte Räume oder Eiskeller. Jetzt brauchte Carl Bolle nur noch auf den Winter warten, die damals offenbar erheblich kälter waren als heute. War die Bucht zugefroren, konnte die Eis-Ernte beginnen. Seine Arbeiter zertrennten mit langen Sägen die Eisschicht des Sees zu Eisstangen, die dann eingelagert wurden. Bei einem Durchschnittswinter betrug die Eisernte um die fünfhundert Tonnen Natureis. Bolles Eisunternehmen machte hervorragende Geschäfte, wenn im Sommer die Eisstangen mit Pferd und Wagen an die Händler und Fabriken ausgeliefert wurden. Reichte der eingelagerte Vorrat nicht aus, wurde aus der Schweiz und Norwegen zusätzliches Eis importiert.

Nach einigen Jahren gelang es Bolle mit amerikanischem Know-how das Eis unabhängig von der Jahreszeit selbst herzustellen. Wohl wissend, dass sich nun bald mehrere Unternehmer den Speiseeismarkt teilen werden, was natürlich die Preise sinken lässt, verkaufte er 1871, gerade 39 Jahre alt, das Unternehmen mit allen dazugehörigen Einrichtungen. Seine Nachfolger führten den Betrieb als «Norddeutsche Eiswerke» weiter.

Nach dem Verkauf kümmerte sich Bolle wieder mehr um seine Baufirma, die er die ganze Zeit nur nebenbei betrieben hatte, und stürzte sich bald in die nächste Spekulation – die Entstehung der Villenkolonie Westend. Albert Werkmeister hatte 1866 die «Kommanditgesellschaft auf Aktien Westend» gegründet, um eine Villenkolonie nach englischem Vorbild am Rand des Grunewalds zu errichten. Zu den Gesellschaftern gehörten auch der Baumeister Martin Gropius und der Kommerzienrat Johannes Quistorp. Als die ersten Villen Richtfest feierten, war die Gesellschaft schon pleite.

Kurz darauf gründete Heinrich Quistorp, der Bruder von Johannes, die «Westendgesellschaft Quistorp & Co.», die nun «robuster» die Entwicklung voran treiben wollte. Sie planten nicht nur eine Villenkolonie, sie wollten einen ganzen Stadtteil aus dem Boden stampfen. Zu diesem Zeitpunkt schien der Einstieg für Carl Bolle interessant, und einige Villen, von Bolle selbst entworfen, entstanden in Westend. Bevor aber die Spekulationen der neuen Westendgesellschaft wie Seifenblasen platzten und «Krachruinen» zurückblieben, hatte Bolle, und das spricht für seinen guten «Riecher», sich schon zurückgezogen und gehörte selbst nicht zu den Geschädigten. Wenn die Spree einige Kilometer später durch Moabit fließt, wird es um eine weitere geniale Bolle-Idee gehen – den ambulanten Milchhandel.

Vom Nordufer der Halbinsel ist der Ortsteil Rummelsburg, ein Industrie- und Wohngebiet im Süden des Bezirks Lichtenberg, gut zu sehen. Aus einer erstmals 1669 belegten Ziegelbrennerei, am Nordufer des damaligen Stralauer Sees, entwickelte sich Anfang des 18. Jahrhunderts eine Meierei. Sie führte zunächst den Namen Charlottenhof, bis der Weinhändler Johann Rummel das Gebäude kaufte, um dort ein Wirtshaus mit dem Namen Rummelsburg zu eröffnen. Dieser Name übertrug sich bald auch auf die Ansiedlung und den angrenzenden See.

Aus der Häuserflucht der Nöldnerstraße ragt die 1892 von Max Spitta fertiggestellte Erlöserkirche empor. Links daneben wächst förmlich ein schlanker Turm aus dem Dach eines Wohnhauses heraus. Erbaut wurde er 1908 für die Bleischmelze Juhl & Söhne zur Herstellung von Schrotkugeln, die von Jägern zumeist zur Enten- und Hasenjagd benutzt werden. Oben auf dem 38 Meter hohen Ziegelturm wurde in einem Schmelzofen Blei erhitzt. Mit einem Schöpflöffel wurde das flüssige Metall durch ein Sieb in die Tiefe gegossen. Der Sturz der Bleitropfen endete in einem Wasserbehälter im Keller. Im Flug erhielt der Tropfen seine Kugelform, die dann durch das blitzartige Abkühlen gleichmäßig rund und nahtlos wurde. Die Kugeln konnten in verschiedenen Größen gegossen werden, man brauchte nur die Siebe entsprechend auszutauschen.

Der Schrotkugelturm

Etwas weiter links entstand 1998 noch ein ungewöhnliches Gebäude, das die Blicke der Vorübergehenden auf sich zieht. Der österreichische Architekt Werner Wöber schwört Stein und Bein, wie man so schön sagt, dass er das völlig schiefe Haus nicht im Alkoholrausch entworfen hat. Bunt und schief, es fällt auf an dieser lauten, ungemütlichen Ecke, eingeklemmt zwischen zwei S-Bahnlinien und einiger Hässlichkeit. Man hat sich bewusst für Wöbers Entwurf entschieden, da seine Baukunst «Lust auf Wohnen» macht, behauptet er. Trotz der tristen Umgebung wohnen die Leute gerne hier, auch wenn alle paar Minuten die S-Bahnen vorne und hinten vorbeirattern. Alle Frontfassaden stehen bedenklich schief, sie neigen sich zur Seite und nach hinten. Vierhundert unterschiedliche Fenster sind mit schwerem Glas der Schallschutzklasse Vier bestückt. So lange der Mieter nicht auf den Gedanken kommt, die Fenster zu öffnen, lebt man fast in einer Ruhezone – und der Blick von den oberen Etagen auf die Rummelsburger Bucht ist ausgesprochen reizvoll.

Überhaupt hat sich das Leben und Wohnen in der Rummelsburger Bucht in den letzten Jahren gut entwickelt. Da wo früher produziert wurde, wird heute gewohnt und das zum Teil recht luxuriös. Die Menschen wohnen gerne am Wasser und wenn der Blick stimmt, sind sie auch bereit, ein paar Euro mehr zu zahlen. Entsprechend wurde gebaut, da wo Käufer oder Mieter warteten. Vergessen wurde anfangs aber die Infrastruktur. Dabei sollte eigentlich klar sein, dass wer hier sein sauer verdientes Geld anlegt, auch Einkaufsmöglichkeiten, ärztliche Versorgung und ein gutes Umfeld für Kinder und Jugendliche erwartet. Irgendwann wird das alles kommen, nur sind dann inzwischen die Kinder vermutlich schon erwachsen geworden.

Hinter dem neu angelegten Paul-und Paula-Ufer, das an den legendären Defa-Film erinnert, befindet sich der Bahnhof Ostkreuz. 1881 gebaut als Knotenpunkt von Vorort-, Ring- und Stadtbahn. Der Bahnhof, an dem der Zahn der Zeit sichtbar genagt hat, wird in den nächsten Jahren umfangreich renoviert und technisch auf den neuesten Stand gebracht werden. Bahnsteige, Stellwerke, Wärterhäuschen und der 1912 fertiggestellte Wasserturm, das weithin sichtbare Wahrzeichen vom Ostkreuz, stehen unter Denkmalschutz und bleiben erhalten.

In gemächlichem Tempo fließt die Spree nun vorbei an den zahlreichen Ausflugsschiffen der Stern-und Kreisschiffahrt, die hier im Hafen auf ihren Einsatz warten. Seit 120 Jahren sind ihre Schiffe auf Spree und Havel unterwegs. Welche Bedeutung die Personenschiffahrt für die Berliner hatte, und heute noch hat, geht aus einer Beschreibung des Journalisten Harry Schreck hervor, die 1929 in der «Vossischen Zeitung» erschien: «Nichts ist berlinischer als eine Dampferfahrt auf märkischen Gewässern. Falls es überhaupt noch Traditionen gibt in dieser Zeit, die schonungslos sogar das Kaffeekochen für Familien an den Ausflugsorten mordet, dann findet man sie ehestens am Uferkai, wo dick und weiß mit gelbem oder grünem oder blauem Rand am Schornstein die Dampfer gutvertäut vor Anker liegen, auf denen der Berliner täglich seine Binnenschiffahrt unternehmen kann. (...) Auf seinem Spree- oder Havelschiff sieht der Berliner anders aus; die sanften Eigenschaften seines Wesens blühen friedlich auf; er bringt es fertig, morgens früh an Bord zu gehen, um erst am späten Abend wieder den heimatlichen Hafen anzulaufen.»

Wie eng wir mit der Schiffahrt verbunden sind, zeigt sich schon daran, wie vertraut uns so manche Redewendung ist: So steuert der Politiker mit vollen Segeln auf sein Ziel los, um ans Ruder zu kommen. Scheitert er dann wird er ausgebootet oder andere nehmen ihm den Wind aus den Segeln. Wer hingegen in den Ehehafen einläuft, der wirft alle Sorgen über Bord; und wer auf dem Trockenen sitzt, Schiffbruch erlitten hat oder sich gerade noch über Wasser hält, freut sich bestimmt, ins Schlepptau genommen oder ins richtige Fahrwasser gelotst zu werden.

Hinter der Elsenbrücke zeigt sich die Spree wieder erheblich breiter und einer Hauptstadt würdig. Am linken Ufer ragt aus dem Gebäudeensemble «Treptowers» eines der höchsten Gebäude der Stadt heraus. Vor dem 125 Meter hohen Bau steht, mitten in der Spree, die dreißig Meter hohe Aluminiumskulptur «Molecule Man» des Künstlers Jonathan Borofsky aus Kalifornien. Die drei Riesen treffen an der Schnittstelle der Ortsteile Kreuzberg, Friedrichshain und Treptow symbolisch aufeinander. Zugleich will der Künstler bewusst machen, dass wir aus Molekülen bestehen. Deshalb hat er die drei Körper wie einen Schweizer Käse durchlöchert.

Seit 1995 betreibt Falk Walter auf Treptower Seite die Wagenhalle eines ausgedienten Autobusdepots als Konzert- und Kulturhalle Arena. Die Veranstaltungen sind vielfältig und bunt und somit ein gutes Aushängeschild für den Kulturstandort Berlin. Zur Arena gehört auch ein verankerter Schleppkahn, der zum schwimmenden Schwimmbad in der Spree umgebaut ist und so die Tradition der einstigen Spreebäder fortsetzt. Im Unterschied zu früher wird heute nicht mehr im trüben Spreewasser, sondern in aufbereitetem, klaren Wasser gebadet. Im Winter wird aus dem schwimmenden Pool eine futuristische Saunalandschaft. Eine geschwungene Dachkonstruktion aus zum Teil durchsichtigen Membranen garantiert auch bei Eiseskälte ein angenehmes Klima – Panoramablick auf Osthafen und Fernsehturm inklusive. Das vor der Arena festgemachte Restaurantschiff Hoppetosse gehört ebenfalls zum «Kulturkonzern», der in den letzten Jahren viel dazu beigetragen hat, dass beide Spreeufer für kreative Investoren «in» sind.

2008 soll mit dem Bau einer Pilotanlage «Projekt Spree 2011» begonnen werden – ein Mittel, den Fluss sauberer zu machen. Pontons, bestehend aus großen Wassertanks, sollen bei starken Regengüssen das Regenwasser auffangen, das sich bisher ungeklärt mit allem Straßenschmutz in die Spree ergießt. Der sich in den Tanks absetzende Schmutz und Sand wird später abgepumpt, während das gereinigte Wasser in den Fluss geleitet wird.

Die Lohmühleninsel entstand im Zuge der Anlage des Landwehrkanals und des Flutgrabens an der Einmündung der Spree. Schlesische Brücke und Obere Freiarchenbrücke verbinden Kreuzberg und Treptow miteinander. Schiffe, die von der Spree aus in den Landwehrkanal einbiegen wollen, müssen bei der Lohmühleninsel die Obere Schleuse passieren. Sie ermöglicht auch die Durchfahrt zum Neuköllner Schiffahrtskanal. Der Inselname erinnert daran, dass hier 1752 zwei Windmühlen errichtet wurden, die kein Getreide, sondern gerbstoffhaltige Baumrinden zerkleinerten. Als Mahlgut erhielt man Lohe, die zur Herstellung von Lohsäure diente. Diese Loh- oder Gerbsäure wurde zur Aufbereitung von Rohhäuten für die Lederverarbeitung eingesetzt.

Am 7. September 1907 war in der «Vossischen» folgende karge Meldung zu lesen: «Mit dem Bau des städtischen Hafens am Stralauer Anger ist am Freitag begonnen worden. In Gegenwart des Stadtbaurats Krause, mehrerer Stadtbaumeister und der Bauunternehmer wurde der erste Pfahl eingerammt». Klingt diese kurze Meldung auch unspektakulär, wurde um den Bau des ersten städtischen Hafens ein ganzes Jahrzehnt, zwischen dem preußischen Staat und der Kaufmannschaft, gestritten und gefeilscht. Obwohl sich die Stadt eine so lange Auseinandersetzung um den Ausbau Berlins zur

Hafenstadt gar nicht leisten konnte, da seit Mitte des 19. Jahrhunderts ein gewaltiger städtebaulicher «Boom» eingesetzt hatte. Die Einwohnerzahlen waren in die Höhe geschnellt, von etwa 330.000 im Jahre 1840 auf 2.712.000 im Jahre 1900. All diese Neuberliner brauchten Wohnungen, die in kürzester Zeit errichtet werden mussten.

Obwohl sich der Eisenbahnverkehr stark entwickelt hatte, war der Baustofftransport fast ausschließlich in den Händen der Binnenschiffahrt. Die Mengen an Steinen, Kalk, Kies und Sand, die auf dem Wasser transportiert wurden, waren gewaltig. Zwischen 1900 und 1910 kamen jährlich rund drei Milliarden Steine aus den brandenburgischen Ziegeleien über Spree und Havel nach Berlin. Die Produktion von Bausteinen konnte zeitweise mit der Nachfrage nicht Schritt halten, was zu satten Preisanstiegen führte. So kann man ohne Übertreibung sagen: «Berlin ist aus dem Kahn gebaut». Um den immens gestiegenen Verkehr auf dem Wasser überhaupt bewältigen zu können, wurde nun auch das Wasserstraßennetz ausgebaut. Zwischen 1845 und 1850 wurde der Landwehrkanal errichtet, gefolgt vom Luisenstädtischen Kanal (1848-1852), dem Berlin-Spandauer Schiffahrtskanal (1847-1859) und dem Charlottenburger Verbindungskanal (1872-1875). Dem Bau dieser Kanäle folgten Ladestraßen, Häfen und Wendestellen für die Schiffe. Das Hauptproblem für all diese Erweiterungen war, dass bis 1876 der Stadt Berlin weder die Straßen noch Brücken oder irgendwelche Hafenanlagen gehörten. Für sie war der staatliche Fiskus zuständig, und der preußische Landtag musste jedes Mal die entsprechenden Mittel bewilligen, was er meist ungern tat. Oft verzögerte sich dadurch der erforderliche Ausbau, und die Bedürfnisse der Stadt blieben unberücksichtigt. Am 1. Januar 1876 trat endlich der Staat die Brücken und Straßen an die Stadt per Vertrag ab. Wasserstraßen, Uferbefestigungen und Häfen blieben aber weiterhin beim Fiskus, woraus nun die Stadt ableitete, dass der Staat für die Schiffsgüterverladung zuständig sei. Als die Berliner Kaufmannschaft dem Minister für Handel und Gewerbe den Bau eines Hafens empfahl, kam am 1. März 1886 eine geharnischte Absage: «Es sei nicht Sache der Königlichen Staatsregierung, sondern vielmehr der Stadtverwaltung von Berlin, jene Einrichtung zu schaffen».

Nun wollten die Stadtverordneten den Hafenbau selbst in die Hand nehmen, was aber noch etliche Jahre dauern sollte. Nach dem ersten Spatenstich ging es endlich spürbar voran. Die Entwürfe hatte Friedrich Krause erarbeitet, der Nachfolger von James Hobrecht im Amt des Stadtbaurats. Im Oktober 1908 war die 1400 Meter lange Kaimauer fertig. Dann führten diverse Schwierigkeiten, die alle nichts mit dem Bau zu tun hatten, zu einem zweijährigen Baustop. 1913 konnte dann der Osthafen feierlich eröffnet werden.

Von nun an herrschte reger Schiffsverkehr, es wurde rangiert, geladen und gelöscht. Gegenüber den Kaianlagen, auf Treptower Seite, konnten an einem schmalen Holzsteg die wartenden Schiffe festmachen.

Nach der Teilung der Stadt errichteten die «Grenzorgane» der DDR in der Flussmitte einen Grenzzaun mit Wachturm, um die Hafenanlagen und die nach West-Berlin führende Einmündung des Landwehrkanals zu überwachen. Diese ehemalige Grenzsperranlage möchte der Hausherr der Arena zu einer Marina ausbauen und durch zwei Cafés oder Bars ergänzen. Die Gäste würden dann knapp über der Wasseroberfläche sitzen, mit Blick auf die Oberbaumbrücke.

Seit 1990 ging der Hafenbetrieb immer weiter zurück, und es wurde kaum noch Stückgut umgeschlagen. Daraufhin wurde eine Umnutzung der bestehenden Hafengebäude beschlossen. Seither entwickelte sich der Osthafen zu einem Medienstandort. Im einstigen Kraftwerk, am östlichen Rand des Hafengeländes, hat ein Verlag sein Domizil gefunden. In eine Lagerhalle ist der Fernsehsender MTV eingezogen und im 1929 fertiggestellten «Eierkühlhaus», nah der Oberbaumbrücke, hat sich «Universal Music» nach ihrem Umzug von Hamburg nach Berlin etabliert. Auch die kleineren Hafengebäude sind bereits ausgebaut, und zusätzliche Neubauten werden entstehen, um die anhaltende Nachfrage nach «Spreeblick» befriedigen zu können.

Zwischen den ehemaligen Speichern steht eine elf Meter hohe Skulptur des Künstlers Olaf Metzel, die heute nur noch wenige Passanten aufregt. 1987 war das anders. Die Stadt feierte damals ihren 750. Geburtstag und West-Berlin spendierte sich auf dem Kurfürstendamm einen «Skulpturenboulevard». Zwei Skulpturen erregten damals viele Gemüter und führten zu erheblichen Diskussionen. Zum einen waren es die «Beton-Cadillacs» von Wolf Vostell am Rathenauplatz und Metzels Absperrgitter-Installation, die der Künstler nach einem Foto entwickelte, das er am 13. April 1981 nach einer Demonstration aufgenommen hatte. Die nach diesem Datum benannte Skulptur aus überdimensionalen Polizeiabsperrgittern, Pflastersteinen und einem Einkaufskorb aus dem Supermarkt löste, verstärkt durch die Medien, einen Sturm von Protesten aus. Polizeimeister Krause, der mit zwei Kollegen auf Streife an der Skulptur vorbeikam, hatte auf Nachfrage eines Tagesspiegel-Reporters nur einen Gedanken zu der Arbeit: «'ne Menge Dienst». Das geschmähte Kunstwerk musste bald wieder vom Joachimstaler Platz verschwinden. Vostells einbetonierte Cadillacs stehen nach wie vor, und das graffitifrei, am Rathenauplatz und die Skulptur «13. April 1981» fand, nach dem sie fast zwanzig Jahre aus dem Stadtbild verschwunden war, diesen neuen Platz.

Hinter dem Osthafen, begrenzt vom Hochbahnhof Warschauer Straße und den Gleisen der S-Bahn, befindet sich die heutige «Oberbaum-City». 1856 nahm das Wasserwerk der englischen «Berlin Waterworks Company» seinen Betrieb auf. Von hier aus wurde das über Sandfilter geleitete Spreewasser auf den ehemaligen Windmühlenberg an der heutigen Bedforter Straße gepumpt, von wo aus es mit Hilfe des «dünnen» Wasserturmes, dem heutigen Wahrzeichen von Prenzlauer Berg, in das Leitungsnetz gedrückt wurde und so in die Wohnhäuser gelangte. Nach Eröffnung eines neuen Wasserwerkes am Müggelsee wurden die Berliner von dort aus mit Trinkwasser versorgt.

Auf dem Areal des abgerissenen Wasserwerkes errichtete die Deutsche Gasglühlicht AG eine Fabrik, die ab 1904 als Auergesellschaft firmierte. Der österreichische Chemiker Carl Auer von Welsbach hatte 1885 den Glühstrumpf erfunden. Als es ihm zehn Jahre später auch noch gelang, Glühfäden aus Wolfram herzustellen, war das die Geburtsstunde der «Lampenstadt». Die Konstruktion der Metallfadenlampe brachte erhebliche Vorteile gegenüber der gebräuchlichen Kohlenfadenlampe. Ihre Lebensdauer war wesentlich länger und die Lichtausbeute besser. Welsbach gründete 1918 zusammen mit Siemens & Halske und der Allgemeinen Elektricitäts-Gesellschaft (AEG) die OSRAM Kommanditgesellschaft. Der Markenname OSRAM stand für die beiden Glühfadenmaterialien Osmium und Wolfram. Zur industriellen Fertigung entstanden nach Entwürfen von Theodor Kampffmeyer stattliche Fabrikgebäude, darunter der von der Spree aus gut sichtbare Turmbau, der mit seinen elf Geschossen Berlins erstes Hochhaus und gleichzeitig Wahrzeichen der Glühlampenfabrik war. Der Siegeszug des neuen Leuchtmittels war nicht mehr aufzuhalten, und fortan wurden viele Millionen Glühlampen in unterschiedlichen Größen und für jeden Bedarf produziert. Bald gelang es Glühlampen mit einer Brenndauer von fünftausend Betriebsstunden herzustellen. Das elektrische Licht erhellte nun Wohnungen, Arbeitsstätten, öffentliche Gebäude, Straßen und die Stadt – die Lichtreklame war geboren.

In der DDR wurde aus OSRAM erst «VEB Glühlampenwerk» und später «Narva». Der Name stand für die Glühbirnenbestandteile: Natrium – Argon – Vakuum. Siemens gründete in Spandau ein neues Osram-Werk und versuchte über den Patentschutz den Verkauf von Ost-Glühbirnen zu verbieten – vergebens. Ironie der Geschichte des Kalten Krieges: später bestellte der Konzern bei Narva große Mengen an Glühlampen, die dann auch prompt mit dem Aufdruck «OSRAM» ausgeliefert wurden. Bis 1992 leuchtete auf dem Glasaufsatz des Hochhauses eine riesige Reklame-Glühbirne, und 5800 Mitarbeiter produzierten weiterhin Glühlampen. Dann erlosch die Werbung auf dem Turm, und der Betrieb wurde, wie viele andere, abgewickelt. Die Gebäude

Wasserwerk Stralauer Chaussee, Ecke Warschauer Straße, 1888

wurden später entkernt und umgebaut, und nach und nach finden neue Mieter den Weg in die einstige Lampenstadt, die nun Oberbaum-City ist.

1906 besuchte der französische Journalist Charles Huard die aufstrebende Reichshauptstadt, um sich ein eigenständiges Bild zu machen und darüber anschließend in mehreren französischen Zeitungen zu berichten. Seinen Berlin-Beschreibungen ist anzumerken, dass ihm die Stadt und auch die Bewohner gefallen haben. Die Spree allerdings hat ihn weniger positiv beeindruckt: «Wie man sich denken kann, ist die Spree ein unansehnliches Gewässer, das kaum dazu beiträgt, die Stadt reizvoller zu machen. Es handelt sich um einen schmalen, dunklen, hässlichen Fluss, der bräunlich schlammiges Wasser mit sich führt und der auf seinem langen Weg durch die Stadt mit nur wenigen interessanten Stellen aufwarten kann. Die Spree dringt im Südosten in die Stadt ein und zieht unter einem rauchverhangenen Himmel vorbei an befestigten Ufern mit Fabriken, Baracken, Baustellen, Materialbergen, Ausflugslokalen und kleinen Baumgruppen. Die Umgebung ist wenig spektakulär, und selbst den monumentalen Backsteinpfeilern der Oberbaumbrücke gelingt es kaum, diese eintönige Landschaft aufzulockern.»

Da hat Charles Huard der Oberbaumbrücke aber wirklich Unrecht getan, denn sie gehört zu den schönsten Brücken Berlins. Als die Stadt noch von einer Stadtmauer umgeben war, diente eine Holzbrücke als Zollstation. Damit Schiffe nachts nicht heimlich mit ihren unversteuerten Waren in die Stadt hineinfahren konnten, wurde bei Einbruch der Dunkelheit ein Baumstamm (der Oberbaum), an Ketten befestigt, auf das Wasser abgesenkt, der eine Durchfahrt verhinderte. An der Stadtausfahrt gab es entsprechend den Unterbaum, der sich am westlichen Ende des Schiffbauerdamms, auf Höhe der Unterbaumstraße, befand.

Der Brückenneubau wurde zur 1896 eröffneten Gewerbeausstellung im Treptower Park errichtet und war für die Ausflugsschiffe das repräsentative Eingangstor zur Ausstellung. Der Entwurf von Otto Stahn sollte auch an ein mittelalterliches Stadttor erinnern. Stahn integrierte in die Planung ein separates Viadukt für die erst 1902 eröffnete Hochbahnlinie. Die Bahn verkehrte später dann zwischen den Stationen Warschauer Brücke und Knie (heute Ernst-Reuter-Platz). Nach dem Mauerbau wurden 1961, auf Ost-Berliner Seite der Brücke, die Gleise der U-Bahn kurzerhand durchgesägt, von da an war auf westlicher Seite der Bahnhof Schlesisches Tor Endstation.

Am linken Spreeufer erinnert eine Straße an den preußischen General Ernst von Pfuel (1779-1866). Das, was Friedrich Ludwig Jahn für die Turnbewegung, war Ernst von Pfuel für die Schwimmer. Er unterrichtete als Lehrer an der Berliner Kriegsschule und hatte bereits in Österreich ein Schwimmverfahren entwickelt und eingeführt, das die Bewegung der Frösche nachahmte. Um dieses Verfahren auch in Berlin zu propagieren, gründete Pfuel 1817 unweit vom Schlesischen Tor, hinter der Kaserne des Zweiten Garde-Pionier-Bataillons, eine nach ihm benannte Schwimmanstalt. Hier erhielten Militär- und Zivilpersonen kostenlosen Schwimmunterricht. Nach dem Vorbild seiner Anstalt wurden bald auch in anderen deutschen Städten Flussbäder errichtet.

Nach der Pfuelschen Schwimmlehre wurden die Bewegungen erst an der Angel geübt, um dem Schwimmschüler die Angst zu nehmen. Die Angel wurde später durch einen Haltegurt ersetzt, und danach folgte die schlappe Leine. Diese Methode war Lehrstandard bis ungefähr 1920 und wurde dann, nach mehr als hundert Jahren, durch den gerätelosen Schwimmunterricht abgelöst. Der «Schwimmvater» hatte die Lage nah dem Oberbaum bewusst gewählt, da er sich an das Wort Friedrich Rückerts, der einst am Schiffbauerdamm wohnte, erinnerte: «Die Spree, sie kommt beim Oberbaum herein rein wie ein Schwan, um wie ein Schwein beim Unterbaum herauszukommen».

An den Ufern der Spree gibt es seit einigen Jahren zahlreiche Strandbars, die bei angenehmem Sommerwetter mit weißem Sand, Sonnenschirmen und Liegestühlen wahre Großstadt-Oasen sind. Dazu kommen etliche Restaurantschiffe, die maritimes Flair verbreiten. Die Gäste genießen es nach dem Essen, am Ufergitter wie an einer Reling zu stehen und mit einem Cocktail in der Hand den Vollmond über Berlin zu betrachten. Dieses neue Lebens-

Oberbaumbrücke, 1924. Fotograf: Max Missmann

gefühl vermittelt auch ein Hotelschiff nah der Oberbaumbrücke. Die dort vertäute «Eastern Comfort» gehört Edgar Schmidt von Groeling. Der 45-jährige lebt seit 14 Jahren in einem Hausboot auf dem Landwehrkanal. Anfangs war das für ihn nur eine Notlösung, da er keine preiswerte Wohnung fand. Der gelernte Architekt hat vor einigen Jahren ein altes Ausflugsschiff erworben und es zu einem Backpacker-Hostel ausbauen lassen. Gedacht für junge Leute mit wenig Geld, gehören zu den Gästen aber auch nicht mehr ganz so junge Berlin-Besucher, die von einem Frühstück auf der Spree und dem nächtlichen Blick auf die Oberbaumbrücke so fasziniert sind, dass sie die Einfachheit der Kajüten einem komfortablen Hotel vorziehen. An manchen Tagen werden die Gäste durch «ein seltsames Klopfen» geweckt. Verursacher ist nicht der vielbeschworene Klabautermann, sondern «Enten, die Fliegen von der Bordwand picken». Der Transport des Schiffes zu seinem heutigen Liegeplatz war nicht einfach, da zuvor alle Decksaufbauten entfernt werden mussten, um den Rumpf ganz knapp durch die mittlere Durchfahrt der Oberbaumbrücke bugsieren zu können.

Konzerte im Liegen und ein vergessenes Schloss

Zwischen Osthafen und Schloss Monbijou

An der Mühlenstraße, direkt hinter der «Eastern Comfort», beginnt die East Side Galery, die noch immer ein Highlight für Berlins Gäste ist. Hier entdecken sie das, was in der Stadt nur noch wenig zu sehen ist – die Berliner Mauer. Sie ist auf 1,3 Kilometern Länge fast vollständig erhalten und dazu noch wunderbar bunt. Die Berliner, speziell die West-Berliner, schenken dem heute unter Denkmalschutz stehendem Bauwerk weniger Beachtung, da sie wissen, dass es sich hier nicht um die «richtige» Mauer handelt. Um es deutlich zu machen: Die hier stehende Mauer gehörte zum inneren Bereich der Grenzanlagen. Sie zeigte nach Ost-Berlin und war mit Betonfarbe ordentlich gestrichen und nie bemalt oder besprüht. Das hätte damals kein Ost-Berliner gewagt, und sollte es doch einmal passiert sein, hätten die «Grenzorgane» es sofort überpinselt.

Hinter der Mauer war der Grenzstreifen, der hier bis an das Spreeufer heranreichte. Die Spree selbst gehörte in voller Breite zum Ostteil der Stadt und wurde mit Booten der Grenzpolizei ständig überwacht. Nur die äußere Mauer, deren eine Seite nach West-Berlin zeigte, war die «richtige» – ein durchgehend buntes Kunstwerk. Kein Bild, kein flotter Spruch war für die Ewigkeit, da ständig neue Kunstenthusiasten den Platz für sich beanspruchten. Und genau das war das Spannende, dass man täglich neue Bild- und Sprachschöpfungen entdecken konnte. Das Mitteilungsbedürfnis der Menschen, die sich auf der Mauer in Schrift und Bild artikulierten, war schier unerschöpflich. Die East Side Galery entstand 1990 als Freiluftgalerie und wurde von 118 Künstlern aus 21 Ländern bemalt. Der hinter der Mauer liegende Uferstreifen wird zur Zeit als Grünzug umgestaltet, mit einer Anlegestelle für Boote.

In diesem Zusammenhang sei ein ungewöhnlicher Künstler erwähnt, dessen Werke seit einigen Jahren in der Stadt zu sehen sind. Ohne Plastikeimer verlässt er nur selten seine Wohnung. Er nennt sich «4rtist.com» und verrät nicht seinen bürgerlichen Namen. Ein weiteres Utensil, das er stets mit sich führt, ist ein Heizkörperpinsel. Nun geht es los, Mitte ist sein Revier, manchmal auch Kreuzberg und Friedrichshain – mal zu Fuß, oft mit dem Fahrrad. Der Eimer ist gefüllt mit weißer Kalkfarbe, mit der er seine geheime Botschaft, die «6», an unzähligen Stellen hinterlässt. Nach seiner eigenen Aussage kam der gebürtige Pfälzer 1995 nach Berlin und seither will er 600.000 dieser Sechsen gemalt haben. Die Menge könnte stimmen, denn wer die Sechsen erst einmal wahrgenommen hat, der sieht sie nur noch. Die

Mission des «Street-Artists» wird in seinen Installationen aus Müll, der achtlos weggeworfen wurde, deutlich. 4rtist.com arrangiert alte Fahrradrahmen mit Euro-Paletten, Einkaufswagen und weggeworfenen abgefahrenen Autoreifen. Mit seiner «Fahrradskulptur» fordert er zur Abschaffung der Autos auf, die nur «die Umwelt belasten und die Menschen umbringen».

Anders als illegale Sprayer legt der Pfälzer Wert darauf, nichts zu beschädigen: «Ich male nur auf illegalen Plakaten, Bruchmauern oder Baustoffen. Die weiße Kalkfarbe lässt sich leicht entfernen und die Installationen bestehen aus Sperrmüll, den ich auf der Straße finde». Anfangs gab es zwar mehrfach Ärger mit der Polizei, die immer wieder Pinsel und Farbe beschlagnahmten. Inzwischen kennt man ihn, hält ihn für etwas verrückt, ist aber von seiner «Harmlosigkeit» überzeugt.

Zu den von ihm bevorzugten Straßenzügen gehört die Invalidenstraße, die «Straße der Sechsen». Auf die Frage warum er gerade die Zahl ausgewählt hat, sagt er: «Die lässt sich eben gut malen und ich erreiche so viele Leute, weil die etwas Sexuelles dahinter vermuten». Früher nannte er sich auch «Sechs» und hat sich damals sogar die Zahl auf den Mittelfinger tätowieren lassen – sein persönlicher Ausweis.

Im Moment wächst auf einer ehemaligen Bahnfläche, zwischen Warschauer Straße und Ostbahnhof, ein Eishockeystadion aus dem Friedrichshainer Boden, in dem zukünftig die «Eisbären» den Ton angeben werden. Bisher ist ihr Heim-Stadion der «Wellblechpalast» in Hohenschönhausen. Diese neue Sportarena, die nach ihrer Fertigstellung 17.500 Zuschauern Platz bieten soll, wird die bisher ziemlich trostlose Gegend, um den Ostbahnhof herum gewaltig verändern. Ein Dienstleistungsunternehmen der Kommunikationsbranche hat das Namensrecht gepachtet, und so wird die neue Halle erst einmal «O2-World» heißen.

Bis 1945 verband die nach einem Marineadmiral benannte Brommybrücke die Bezirke Kreuzberg und Friedrichshain miteinander. In den letzten Kriegstagen wurde sie von deutschen Truppen gesprengt und später nicht wieder aufgebaut. Die Vorläuferin der Bommybrücke war eine drehbare Holzbrücke, auf der seit 1851 die sogenannte Verbindungsbahn die Spree überquerte, die den Schlesischen mit dem Görlitzer und den übrigen Berliner Kopfbahnhöfen verband. Die eingleisige Strecke wurde später durch die Ringbahn ersetzt. Bis heute stehen die alten Brückenpfeiler im Wasser und markieren den einstigen Brückenverlauf. Von Kreuzberger Seite aus ragt seit September 2007 ein «Spreebalkon» über den Fluss. «Der Balkon soll eine Signalwirkung haben», sagte eine Sprecherin der Senatsverwaltung für Stadtentwicklung bei der Einweihung und drückte damit Hoffnung auf einen Brückenneubau aus.

Offenbar kam das Signal an, denn nur drei Monate später verkündete die Senatsverwaltung den Beschluss zum Bau einer neuen Brücke für Fußgänger, Radfahrer und Busse.

Gegenüber dem «Spreebalkon» möchte die Shakespeare-Company ein Globe-Theater nach historischem Londoner Vorbild errichten. Lagen die Pläne schon lange auf Eis, gibt es nun wieder Bewegung bei der Planung. TU-Studenten arbeiten an Entwürfen für ein mobiles Globe-Theater, ein fester Theaterbau ist nicht mehr im Gespräch.

Außer dem Osthafen verkauft die Behala auch das Gelände um den denkmalgeschützten Viktoriaspeicher, in dem die Nazis zwischen 1937 und 1939 Kunst horteten, die laut ihrer Ideologie als «entartet» galt. Nach der Blockade West-Berlins diente der Speicher als Lager für einen Teil der sogenannten «Senatsreserve», die bei erneuter Blockade ein Überleben in der «Frontstadt» garantieren sollte. Die zukünftige Nutzung des Speichers ist noch nicht bekannt. Das gilt auch für das denkmalgeschützte Gebäudeensemble der einstigen Heeresbäckerei an der Ecke Köpenicker- und Brommystraße, das noch seiner Instandsetzung harrt.

Die einstige Pumpstation V, ein schmucker Ziegelsteinbau, fällt vor allem durch seinen hohen achteckigen Schornstein auf. 1881 gebaut, gehörte das Pumpwerk zu dem von James Hobrecht entworfenen System der Abwasserkanalisation Berlins. 2006 eröffneten die Initiatoren Jochen Sandig und Folkert Uhde, nach umfangreichem Ausbau, das Kunstzentrum Radialsystem V. Ein neuer aufregender Ort für die Künste an der Spree, der in Kombination mit dem alten Bau und seiner innovativen Architektur im Inneren sehr schnell Strahlkraft über die Stadt hinaus entwickelt hat. Gut angenommen vom Publikum sind die Konzerte im Liegen. Auch die Musiker, die nicht liegen dürfen, sind davon sehr angetan, da die Zuhörer «viel ruhiger und friedlicher» sind – «das ist Woodstock für Klassik-Freaks».

Kein anderer Berliner Bahnhof wurde so oft umgebaut und musste so häufig seinen Namen wechseln wie der Ostbahnhof. Als er 1842 in Betrieb genommen wurde, hieß er Frankfurter Bahnhof, da von hier aus die Bahn nach Frankfurt/Oder fuhr. Drei Jahre später eine erste Umbenennung in Niederschlesisch-Märkischer Bahnhof. 1869 folgte seine Erweiterung und gleichzeitig die Änderung in Schlesischer Bahnhof. Der Anschluss an die Stadtbahn 1882 ermöglichte eine durchgehende Verbindung zwischen Paris und Moskau. Nach Kriegsschäden erfolgte 1950 seine Umgestaltung und nochmalige Umbenennung in Ostbahnhof. Dieser Name blieb bis zur 750-Jahrfeier Berlins erhalten. Zum Stadtjubiläum bekam der Bahnhof eine neue Fassade und wurde aufgewertet zum «Hauptbahnhof» Ost-Berlins. Nach der Wende

Luisenstädtischer Kanal mit der Michaelskirche im Hintergrund, 1905. Fotograf: Max Missmann

verlor der Bahnhof seine erstrangige Bedeutung und wurde nun wieder zurückgestuft zum «Ostbahnhof».

Man sieht es der Schillingbrücke nicht an, dass sie die älteste massiv gebaute Spreebrücke ist. Nach dem Abriss einer hölzernen Brücke im Jahr 1873 entstand ein Neubau, der auch die neuen Wasserleitungen und Gasrohre mit aufnehmen konnte. 1912 machte das stark gestiegene Verkehrsaufkommen eine Verbreiterung notwendig. Die neue Stahlkonstruktion verdeckt leider die Sandsteinreliefs mit Flussallegorien des Bildhauers Emil Hundrieser, der einst die «Berolina» vom Alexanderplatz schuf. Neben der Schillingbrücke ist eine zugemauerte Toröffnung zu entdecken, die einst die Zufahrt zum Luisenstädtischen Kanal war.

Spötter behaupten, die Revolution von 1848 hätte für die Berliner nur zwei positive Ergebnisse gebracht. Zum einen war nun das Rauchen in der Öffentlichkeit erlaubt, und es wurde, um die hohe Arbeitslosigkeit zu lindern, eine Arbeitsbeschaffungsmaßnahme ins Leben gerufen – der Bau des Luisenstädtischen Kanals. Peter Joseph Lenné hatte den neuen Kanal schon einige Jahre zuvor als Verbindung zwischen Spree und Landwehrkanal geplant. So konnte noch während der revolutionären Unruhen mit dem Bau der zwei Kilometer langen Wasserstraße begonnen werden. Neben der Schillingbrücke zweigte der Kanal ab und führte in einem Neunzig-Grad-Bogen am Mariannenplatz vorbei. Auf halber Strecke entstand das Engelbecken, mehr als nur ein Warenumschlagplatz. Lennés Planungen sahen eine Uferpromenade mit mehreren Gasthäusern vor, als Ausflugsziel für Spaziergänger. Dann führte der Kanal über den Oranienplatz und den Wassertorplatz hinweg und mündete am Urbanhafen in den Landwehrkanal. Bald nach Baubeginn kam es zu heftigen Demonstrationen revolutionärer Arbeiter. Sie hatten eine Dampfmaschine, deren Einsatz Arbeitskräfte einsparen sollte, in Brand gesetzt. Eine eilig aufgestellte Bürgerwehr musste daraufhin die Arbeiten am Kanal überwachen.

1852 wurde der Kanal der Schiffahrt übergeben und diente fortan hauptsächlich dem Baustofftransport zum Aufbau eines neuen Stadtviertels, das nach seiner Fertigstellung Luisenstadt heißen sollte. König Friedrich Wilhelm IV. hatte eigenhändig den Entwurf für das neue Viertel gezeichnet. Als die Bauarbeiten abgeschlossen waren, ließ die Betriebsamkeit auf dem Kanal spürbar nach. 1926 wurden im Monat August noch fünf und in den folgenden Monaten nur drei Kähne auf dem Kanal registriert. Gleichzeitig gab es Klagen der Anwohner über das übel riechende Kanalwasser und unerträgliche Mückenschwärme in den Sommermonaten.

Da die Arbeitslosigkeit 1926 schon wieder einen neuen Höchststand verzeichnete, wurde eine neue Arbeitsbeschaffungsmaßnahme ins Leben gerufen, um den Kanal zuzuschütten. Nur das Engelbecken blieb erhalten, zumindest bis 1948. Dann wurde es mit Kriegsschutt aufgefüllt und verschwand, wie zuvor der Kanal, aus dem Stadtgebiet. Nach 1961 teilte die innerdeutsche Grenze den ehemaligen Kanal in zwei Hälften. Als dann die Mauer fiel, stieg die Arbeitslosigkeit in der Stadt wieder an und schon bald wurde erneut gegraben. 1999 ist das Engelbecken vom Schutt befreit und wird geflutet. Ab 2007 plätschern sogar wieder die Fontänen im Wasser und wer weiß, was passiert, wenn die Arbeitslosigkeit irgendwann eine neue Rekordmarke erreicht – vielleicht heißt es dann auch beim Kanal: «Wasser marsch!».

Im Gebäude des Städtischen Gesundheitsamtes, An der Schillingbrücke 2, eröffnete im Juni 1926 die erste Berliner Ehe- und Sexualberatungsstelle des Mutterschutzbundes. Die ärztliche Leitung hatte bis 1930 Martha Ruoff, danach Elisabeth Prinz. Sprechstunde war jeden Donnerstag von 19 bis 21 Uhr. Beraten wurde in Fragen zur Sexualität, Schwangerschaft und Empfängnisverhütung. Ehrenamtlich tätige Sozialarbeiterinnen halfen bei familienrechtlichen und sozialen Konflikten. Mit den Nationalsozialisten kam das jähe Ende der Ehe- und Sexualberatungsstellen, die alle 1933 geschlossen wurden.

Auf dem Weg zur Jannowitzbrücke fließt die Spree am Heizkraftwerk Mitte vorbei. Am Ufer, das hier zum Betriebsgelände gehört, stehen die wärmsten Bänke Berlins. Auszubildende haben sie aus nicht rostenden Rohren gebaut, durch die im Winter vom Kraftwerk erhitztes Wasser fließt.

Jannowitzbrücke, 1906. Fotograf: Max Missmann

August Trinius hat 1883 den Bau der Jannowitzbrücke beobachtet und in seinem Buch «Vom grünen Strand der Spree» enthusiastisch beschrieben: «Eine der neuesten und herrlichsten Brücken, welche die letzte Zeit entstehen sah, ist die Jannowitzbrücke. Vielleicht eine der regsten Verkehrsadern unserer Residenz, über welche von Morgens bis tief in die Nacht hinein das Leben fluthet (...). Der Doppelschienenstrang der Pferdebahn leitet darüber hin und über die Brücke selbst schwingt sich, am rechten Ufer der Spree entlang, ein mächtiger Viadukt der sich schlangenförmig windenden Stadtbahn, deren Bahnhof dicht an der Brücke mündet. Gegenüber am anderen Ufer ragt tempelförmig der hölzerne Warteraum der Dampfschiffahrts-Gesellschaft aus dem Wasser heraus (...). Einer der interessantesten Blicke auf Alt-Berlin eröffnet sich von hier aus. Gabelförmig theilt sich hinter der nächsten Brücke nach Norden zu die Spree, von welcher der eine Lauf sich links durch die Stadt wendet, während der andere geradeaus unter den Pfahlbauten des Mühlendammes und den Bastionen der königlichen Mühlen entschwindet.»

An der Jannowitzbrücke hat die Chinesische Botschaft ihren Sitz. Der riesige Neubau stammt noch aus DDR-Zeiten und war einmal Sitz des Gewerkschaftsbundes FDGB. Dahinter vereinigt ein stattlicher Klinkerbau unterschiedliche Stilformen der märkischen Backsteingotik mit Renaissance-Elementen. Das 1874 gegründete Märkische Provinzial-Museum entstand auf

Speicherinsel, Mühlendamm und Polizeipräsidium, 1879. Fotograf: F. Albert Schwartz

Initiative des Arztes und Politikers Rudolf Virchow und des Stadtrates Ernst Friedel. Letztgenannter war damals für die Schaffung der gärtnerischen Anlagen innerhalb der Stadtbebauung nach dem Hobrechtplan zuständig. Friedel, selbst ein begeisterter Sammler, setzte sich unermüdlich für die Einrichtung dieses Museums ein und stiftete später große Teile seiner Sammlung dem neu gegründeten Museum, das anfangs im Podewilschen Palais in der Klosterstraße Quartier nahm. 1908 konnte das Museum in den von Stadtbaurat Ludwig Hoffmann fertiggestellten Bau umziehen. Hoffmann orientierte sich in seiner Konzeption am bayerischen Nationalmuseum in München. Der Bau sowie die Innenräume spiegeln verschiedene Stilepochen wieder, denen die einzelnen Objekte des Museumsbestandes entstammen. Die Giebel- und Maßwerkmotive verweisen auf charakteristische Bauwerke der Mark Brandenburg. Jeder Gebäudeteil hat ein Vorbild in der Mark Brandenburg. So erinnert der kräftige Turm an die Bischofsburg in Wittstock und der gotische Giebel an die St. Katharinenkirche in Brandenburg an der Havel. Das Märkische Museum gehört heute zur Stiftung Stadtmuseum, die in mehreren Häusern die Stadt- und Landesgeschichte darstellt und sich hier der Ur- und Frühgeschichte bis zum Beginn des 19. Jahrhundert widmet. Hinter dem Museum, im Köllnischen Park, befindet sich auch ein Bärenzwinger mit den lebenden Wappentieren der Stadt. Seit den zwanziger Jahren, als die Stadt Bern den Berlinern einen Bären schenkte, sind immer zwei Bären im Gehege anzutreffen.

Vor der Mühlendammschleuse zweigt nach links der Spreekanal ab, während der Schiffsverkehr die Schleuse nutzt. Die Doppelstadt Berlin/Cölln

Stralauer Straße, Spreeseite, um 1930

verdankt ihre Gründung in der ersten Hälfte des 13. Jahrhunderts der günstigen Lage an der Spree. Ein Flussübergang verband die eng aufeinander stoßenden Hochflächen des Teltows und des Barnims miteinander. Die umliegenden Gewässer und Wälder boten natürliche Nahrung sowie ausreichend Baumaterial. Wahrscheinlich standen schon zu dieser Zeit die ersten Mühlen am Mühlendamm, da hier die besten Windbedingungen anzutreffen waren. Bis 1432 war die Spree die natürliche Grenze zwischen den Schwesterstädten Berlin und Cölln. Dann vollzogen die Städte ihre Vereinigung und bildeten eine gemeinsame Stadtverwaltung. Rechts der Spree die Keimzelle Berlins, das Nikolaiviertel, und auf der gegenüberliegenden Seite das Stadtgebiet der Berliner Schwesterstadt Cölln.

Die Spree zwischen beiden Städten erwies sich als verkehrsgünstig und sorgte für ein florierendes Gemeinwesen. Diese Entwicklung wurde mit Erteilung des Niederlags- und Stapelrechts durch den Landesherrn zusätzlich gefördert. Dieses Recht bestand im Wesentlichen darin, dass alle in die Stadt kommenden Waren, auch die, die nur hindurch oder dicht daran vorbeitransportiert wurden, hier ausgeladen und einige Tage zum Verkauf angeboten werden mussten. Nur die Waren, die nicht verkauft wurden, durften nach Zahlung einer Gebühr weiter transportiert werden. In den mit Stapelrecht ausgestatteten Städten entwickelte sich reger Marktverkehr, der zum Wohlstand der Bürger führte.

Berlin verlor dieses Recht 1442 nach dem Aufstand seiner Bürger gegen den Kurfürsten, der als «Berliner Unwille» Einzug in die Geschichtsbücher fand. Trotzdem ergaben sich für die Stadt auch weiterhin gute Einnahmen durch

Badefreuden an der Spree vor der Jannowitzbrücke, 1932

das zum Verkaufen der Waren, die ihren Weg durch die Stadt nahmen. Vermutlich lag der Ort, wo die Waren feilgeboten wurden, nah dem Mühlendamm, da an dieser Stelle die Schiffe sowieso umgeladen werden mussten. Ein Passieren des Mühlendamms mit dem Schiff wurde erst Mitte des 16. Jahrhunderts, nach dem Bau der ersten Kammerschleuse möglich.

Erst in der Regierungszeit von Kurfürst Johann Georg, zwischen 1571 und 1598, wurde am linken Ufer des Köllnischen Stadtgrabens nah der Schleuse auf dem «Werder» ein erstes Hafenbecken und ein Packhaus gebaut. Es war die Geburtsstunde der Hafenstadt Berlin. Eine Beschreibung dieses ersten Packhofes liefert Friedrich Nicolai in seiner «Beschreibung der Königlichen Residenzstädte Berlin und Potsdam» von 1786: «Der Werdersche Markt ist mit Linden bepflanzt. Rechts am Rathause sind die Fleischscharren. Bei denselben geht weiter rechts ab die Straße am Packhofe bis zur Schleusenbrücke. Hier ist das königliche Akzise- und Zollhaus nebst dem dahinter liegenden Alten Packhofe. In dem langen, 1688 von Chiéze erbauten Gebäude an der Straße ist im Erdgeschosse die königliche Zollkammer, die Akzisekammer und die Registratur. (...) Hinter diesem Gebäude ist der Alte Packhof, woselbst die angekommenen Waren abgeladen und visitiert werden. Er erstreckt sich längs dem Wasser bis an die Hundebrücke (heute Schlossbrücke). Man kommt zu demselben durch einen Torweg in (...) der Niederlagstraße. Am Wasser ist eine Anfurt für die Schiffe und neben derselben ein Kran, die Güter aus den Schiffen zu heben. Ferner sind auf demselben die Güterhäuser

Baustelle des U-Bahntunnels unter der Spree an der Klosterstraße, 1911. Fotograf: Max Missmann

der zu Wasser und Lande ankommenden Waren, die Waage, wo die Waren gewogen werden, und ein Wachthaus.» Heute erinnert nur die Niederlagstraße an den Alten Packhof. Das Hafenbecken und die Speicher sind verschwunden. Als der Packhof auf dem Werder durch den stetig ansteigenden Warenverkehr zu klein wurde, kam es zum Bau eines neuen, erheblich größeren Packhofes. Friedrich II. stellte dazu 1743 die Orangerie im Lustgarten zur Verfügung und übernahm auch die Kosten der neuen Anlage, die sich an der Stelle befand, wo heute die Alte Nationalgalerie steht.

Bevor wir der Spree weiter folgen, widmen wir uns zunächst dem Spreekanal, der bald wieder in die Spree einmündet. Vor der Inselbrücke, die über den Kanal hinweg das Märkische Ufer mit der Fischerinsel verbindet, haben im Historischen Hafen, der eigentlich gar kein Hafen ist, zahlreiche Oldtimer-Schiffe festgemacht. Berliner, deren Erinnerung noch bis in die Vorkriegszeit zurückreicht, können sich meist nur schwer mit der heutigen Fischerinsel anfreunden. Existierte vor Kriegszerstörung und Nachkriegskahlschlag auf der Insel noch das, was man unter typischem Zille-Milieu versteht, ragen heute sechs Hochhäuser aus gepflegtem Grün in den Berliner Himmel.

Auf der Fischerinsel lebte auch der Pferdehändler Hans Kohlhase, der durch Heinrich von Kleists Novelle «Michael Kohlhaas», in die Literaturgeschichte einging. Sein Fall, der seinerzeit die Bürger stark beschäftigte, war charakteristisch für die Zeit, in der er sich ereignete. Was war damals im Jahr 1532 passiert?

Einmal im Jahr brachte Hans Kohlhase einen Teil der von ihm gezüchteten Pferde zum Verkauf auf die Leipziger Michaelismesse, den damals größten Pferdemarkt. Auf dem Weg dahin wurde er in der Nähe von Düben auf offener Landstraße von einer Reitergruppe um den Junker von Zaschwitz gestoppt. Dieser behauptete, dass zwei der Pferde, die Kohlhase mit sich führte, aus seinem Stall stammten und ihm gestohlen wurden. So sehr Kohlhase auch seine Unschuld beteuerte, die Pferde wurden einbehalten. Zurück in Berlin, beschwerte sich Kohlhase bei Kurfürst Joachim I., der ihn aber mit der Bemerkung, daß er doch wohl nicht das Wort eines Edlen Herren in Abrede stellen wolle, abwies.

Diesem Akt hochherrschaftlicher Willkür wollte sich der Geschädigte nicht beugen. Er zog vor ein adliges Gericht, das ihm aber sein Recht verweigerte. So griff er zum Mittel der Fehde und begann mit einer Schar verwegener Gesellen das sächsische Land, wo immer es ging, zu schädigen. Als Kohlhase von einem sächsischen Silbertransport nach Berlin erfuhr, legte er sich mit einigen Getreuen an der alten Straßenverbindung zwischen Potsdam und Berlin, wo der Transport die Bäke überqueren musste, in einen Hinterhalt. In der Gegend, die heute Kohlhasenbrück heißt, wurde der Silbertransport überfallen. Als Zeichen, das er sich nicht durch diesen Überfall bereichern wollte, ließ Kohlhase die Silberkuchen von der hölzernen Brücke aus ins Wasser werfen.

Überall wurde nun nach Kohlhase und seinen Helfern mit Steckbriefen gefahndet. Wochen später entdeckt die Polizei ihn bei einer Hausdurchsuchung in der Wohnung des Küsters von St. Nikolai, wo sich Kohlhase in einer Holzkiste versteckt hatte. Ihm und seinem engsten Getreuen, Georg Nagelschmidt, wurde anschließend der Prozess gemacht. Nagelschmidts Urteil lautete «zum Tode durch das Rade», während Kohlhase, als Zeichen leichter Gnade, mit dem Schwert hingerichtet werden sollte. Als dieser sich schon bereit zeigte, das abgemilderte Urteil anzunehmen, rief Nagelschmidt dazwischen: «Sind wir gleiche Brüder, so zieren uns auch gleiche Kappen». Daraufhin lehnte Kohlhase den ihm zugedachten Tod durch das Schwert ab und beide wurden so am nächsten Tag mit dem Rad am «Rabenstein» (heute Strausberger Platz) gerichtet.

Hinter der Inselbrücke wird es erheblich ruhiger und romantischer. Im trüben Wasser des Kanals spiegeln sich die Häuser der Uferbebauung. Einige der Gebäude wirken alt, besonders das Ermeler-Haus, das seinen Namen dem Tabakhändler Ermeler verdankt. Eigentlich gehört das stattliche Haus gar nicht hierher, denn als es 1760 für den Lederzeugs- und Monturenlieferanten des Hofes, Peter Friedrich Damm für 20.000 Taler gebaut wurde, stand

Friedrichsgracht von der Wallstraße aus gesehen. Im Hintergrund die Gertraudenbrücke. Fotograf: F. Albrecht Schwartz, 1888

es in der Breiten Straße 11. Nach dem Tod des Hoflieferanten verkaufte seine Witwe Haus und Grundstück an den Bankier Robert von Wylich, der es seinerseits 1824 an den Tabakhändler Friedrich Wilhelm Ermeler veräußerte. Dessen Geschäfte liefen glänzend, obwohl zu dieser Zeit das Rauchen in der Öffentlichkeit noch verboten war. So baute der Geschäftsmann sein Unternehmen zu einem Tabak-Monopol in Berlin aus. Für seinen Tabak warb Ermeler mit dem Slogan: «Wo kommt der beste Tabak her? Merke auf, mein Freund, von Ermeler». 1968 war das Gebäude einem Neubauvorhaben in der Breiten Straße im Wege und wurde abgerissen. Hier am Ufer entstand es anschließend neu als Kopie, aber mit dem originalen Fassadenschmuck.

Durch mehrere kleine Fenster in der Kanalwand fällt künstliches Licht auf die sich kaum bewegende Wasserfläche. Hinter der Fensterreihe verbirgt sich der U-Bahnhof Spittelmarkt. Am Ende der Fischerinsel, auf der Gertraudenbrücke, begegnet uns die Heilige Gertraud aus Nivelles in Brabant, die zu den ganz wenigen Frauen gehört, die nach ihrem Tod von der katholischen Kirche heiliggesprochen wurden. In Klostertracht gekleidet, in der linken Hand eine Spindel, reicht sie einem Wanderburschen einen erfrischenden Trank. Die fast drei Meter hohe Bronze-

Friedrichsgracht, 1906. Fotograf: Max Missmann

figur ist ein Werk des Bildhauers Rudolf Siemering. Da es kein Bild der 653 verstorbenen Heiligen gab, fiel es nicht auf, daß die Statue der Ehefrau des Künstlers erstaunlich ähnlich sah. Sie stand, wie auch der gemeinsame Sohn für den Wanderburschen, etliche Stunden im Atelier ihres Mannes Modell. Beeinflusst durch ihren geistlichen Führer Bischof Folian, unterwarf sich die strenggläubige Gertraud den härtesten Buß- und Andachtsritualen. Dazu gehörte exzessives Fasten, wenig Schlaf und viel Arbeit, was bei der jungen Frau anfangs zu Fieberanfällen und Ohnmacht und dann zum frühen Tod mit nur 29 Jahren führte. Sie gilt als Schutzpatronin der Reisenden sowie der Spitäler und Krankenhäuser. Die vielen Mäuse am Denkmalsockel weisen die Heilige Gertraud auch als Beschützerin der Äcker und Gräber aus. Eine der Mäuse blinkt glänzend in der Sonne, da viele Passanten sie im Vorübergehen streicheln, in der Annahme oder Hoffnung, daß es ihnen Glück bringt.

Nur wenige Schritte von der Brücke entfernt ein unscheinbarer Parkplatz. Petriplatz steht auf dem Straßenschild. Es fällt schwer sich vorzustellen, dass dieser kahle Platz einst das Zentrum der Schwesterstadt Cölln war. Da wo heute die abgestellten Autos auf ihre Besitzer warten, stand die Hauptkirche und das Cöllner Rathaus. Die Petrikirche, deren Vorgängerbau noch St. Peters Kirche hieß, wurde im Krieg von Bomben zerstört und zurückblieb, nun schon mehr als sechzig Jahre, der kahle Platz.

Der Autor Adolf Heilborn (1873-1941) hat in mehreren Büchern Berlin beschrieben, so wie er es noch erlebt hat. So auch das Gebiet zwischen Spree

Spreekanal, 1909. Mit Jungfernbrücke und Stadtschleuse. Fotograf: Waldemar Titzenthaler

und dem Spreekanal: «Solch reizvolles Städtebild gibt's in ganz Berlin nicht zum zweiten Male. Im Vordergrund die Spree mit ihren Zillen, der Flottille von Schleppdampfern an der ‹Insel›, ihren in Pfählen hängenden Fischkästen und schmalen Brückenstegen dazwischen. Und drüben Giebel und Dächer, ein Drängen und Durcheinanderschieben von Häusern und Häuschen, niedrig, eingewohnt, mit dem Firnis von Alter und Arbeit, ein paar schmale, sich zum Wasser öffnende Gassen, an einer Ecke noch Fachwerkhäuschen. Das alles überragend Türme und Kuppeln». Wer heute das von Heilborn beschriebene Gebiet betrachtet, würde es anders beschreiben, denn hier wurde ein Quartier gemordet, auch wenn sich von der Gertraudenbrücke aus ein Stück Altstadt zeigt – die Jungfernbrücke.

Sie ist das älteste noch erhaltene Brückenbauwerk aus dem 18. Jahrhundert. Im Stil holländischer Brücken errichtet, ist sie heute ein technisches Denkmal. Von den drei unterschiedlich großen Wasseröffnungen war die mittlere für die Durchfahrt von Schiffen bestimmt und mit einer eisernen Zugkonstruktion versehen. Die Rollen für die Zugketten werden von hölzernen Portalen getragen. 1919 wurde sie zum letzten Mal für eine Schiffsdurchfahrt hochgezogen, danach wurde der Kanal für die Schiffahrt außer Betrieb genommen. Die Herkunft des Namens der unter Denkmalschutz stehenden Brücke ist ungeklärt. Einige Heimatforscher sind der Meinung, dass ein seit 1690 in der Spreegasse ansässiges Mädchenpensionat zu dem Namen führte, andere sind sich sicher, dass die Bezeichnung auf die Hugenottenfamilie

Blanchet, die gegenüber im «Französischen Hof» wohnte, zurückzuführen sei. Deren Töchter, insgesamt waren es neun, sollen nah der Brücke in einer hölzernen Bude ihre selbstgeklöppelten Spitzen feilgeboten haben.

Wenn nichts Genaues bekannt ist, wird gerne eine Sage zur Erklärung angeboten, so auch hier: Ein Mädchen, das in der Nähe der Brücke wohnte, soll sich in einen jungen, aber armen Mann verliebt haben. Die Eltern waren gegen diese Beziehung, da sie ihre Tochter bereits einem erheblich älteren, aber wohlhabenden Mann versprochen hatten. Immer, wenn das Mädchen den nicht geliebten Alten traf, verspottete sie ihn, in der Hoffnung, daß er von seiner Heiratsabsicht zurücktreten würde. Eines Morgens wurde die Leiche des Mädchens aus dem Spreekanal gezogen und an ihrem Hals fanden sich Würgemale. Der Tatverdacht fiel auf den jungen Freund, da ein Zeuge, es war der abgewiesene Alte, beide heftig streitend am Abend zuvor auf der Brücke gesehen haben wollte. Der Junge kam vor Gericht und es drohte ihm die Todesstrafe. Da meldete sich als Zeuge ein Blinder, der neben der Brücke wohnte und durch die Stimmen der Streitenden aufgewacht war. Er war sich sicher, dass die Stimme des Streitenden nicht die des Jungen war. Als dann der vermeintliche Tatzeuge vom Richter befragt wurde, sprang der Blinde auf und rief: «Das ist der Täter, das ist seine Stimme».

Die Spreestraße, nah der Jungfernbrücke, gehörte einmal zu den romantischsten Straßen der Stadt. Heute ist das nicht mehr nachvollziehbar, denn alles hier wirkt trist und öde. In Nummer 11 lebte und arbeitete der Schneider Wuttke, der um finanziell über die Runden zu kommen, sich jeden Abend in einen «Königlich Preußischen Tafeldecker» verwandelte und außerdem noch eine Stube an junge Studenten vermietete. Bei ihm wohnte ein 23-jähriger Mann, der seine Buchhändlerlehre absolviert hatte, bevor er nach Berlin kam, um an der Universität philosophische Vorlesungen zu hören. Den größten Teil des Tages schrieb er an seinem ersten Buch, das 1856 unter dem Pseudonym Jakob Corvinus erschien und auf Anhieb ein großer Erfolg wurde. Sein bürgerlicher Name war Wilhelm Raabe und der Titel seines Erstlingswerkes «Die Chronik der Sperlingsgasse». Viel vom Alltagsleben in der kleinen Spreestraße findet sich im Buch wieder. Erst zu Raabes hundertstem Geburtstag, im Jahr 1931, erhielt die Straße den Namen «Sperlingsgasse». Es war nicht der Krieg, der die Straße in den heutigen furchtbaren Zustand versetzte, es war die Abrisswut der Nachkriegszeit. 1964 fielen einem Garten für das DDR-Staatsratsgebäude die Häuser einer ganzen Straßenseite zum Opfer.

Der große Gebäudekomplex auf der anderen Seite des Kanals wurde 1938 als Erweiterungsbau der Reichsbank errichtet. In den Büros arbeiteten 5500 Mitarbeiter. Nach Gründung der DDR zog zuerst das Finanzministerium in die Büros und ab 1959 das Zentralkomitee der SED. Seit dem Regierungsumzug von Bonn nach Berlin dient der Bau als Außenministerium. Da dieses noch mehr Platz benötigte, entstand ein Erweiterungsbau mit Front zum Werderschen Markt. Sehr angenehm und einer Demokratie würdig, präsentiert sich der Eingangsbereich volksnah und offen, mit Ausstellungen und einem Café. Auf dem Dach des Altbaus zeigt die «Bevölkerung» in Gestalt von vier Figuren, als ungewöhnliche Wetterfahne, woher der Wind weht.

Hinter der Schleusenbrücke ist der Schlossplatz erreicht. Hier liegen die unterschiedlichen Geschichtsschichten so wild neben-, unter-, über- und durcheinander, dass einem fürwahr schwindelig werden kann. Das Staatsratsgebäude, Sitz des höchsten Verfassungsorgans der DDR, schmückte seinen Neubau in den sechziger Jahren mit dem Portal IV des ehemaligen Stadtschlosses, da Karl Liebknecht am 9. November 1918 vom Balkon dieses Portals die «Freie Sozialistische Republik» ausgerufen hatte. Als es die DDR nicht mehr gab, empfing Bundeskanzler Gerhard Schröder hier seine Staatsgäste, da sein Kanzleramt erst verspätet bezugsfertig war. Heute nutzt eine private Elitehochschule für Wirtschaft das Gebäude. Auch wenn der Platz heute wieder Schlossplatz heißt – von einem Schloss ist nichts zu sehen. Hier stand es aber einmal, bis die DDR in den fünfziger Jahren den «Sprengbefehl» gab und das Stadtschloss verschwinden ließ. Es soll aber wiederkehren – nur viel demokratischer – als Humboldt-Forum, aber aussehen wie das alte Schloss – doch nur von außen. Zuvor müssen noch die letzten Reste vom Palast der Republik, dem einstigen DDR-Aushängeschild, verschwinden und dann kommt es – das Schloss – irgendwann. Gegenüber vom Auswärtigen Amt steht die Friedrichswerdersche Kirche, die, von Schinkel gebaut, keine Kirche mehr ist – dafür Schinkelmuseum. Angrenzend der Schinkelplatz, der hoffentlich bald kleiner wird, da Schinkels Bauakademie (zu DDR-Zeiten abgerissen) wieder aufgebaut werden soll. Bisher ist noch niemand gefunden, der es bezahlen will. So steht vorerst sozusagen als Muster, eine von Bauschülern aufgebaute Gebäudeecke am Schinkelplatz, den es so gar nicht gäbe, wenn man nicht zuvor das DDR-Außenministerium abgerissen hätte. Hier weht nicht nur ein Hauch, sondern ein Sturm von Geschichte.

Auf der anderen Seite der Schleusenbrücke ist, rechts des Kanals, noch der Sockel der Schlossfreiheit zu sehen, die den architektonischen Rahmen für das Reiterstandbild Kaiser Wilhelms I. bildete. Das hohe Gewicht und der sandige Untergrund machte eine kräftige Stützkonstruktion erforderlich, die noch unbeschädigt vorhanden ist. Durch eine kleine Luke und über eine steile Leiter geht es in den Untergrund. Im Schein der Taschenlampe sind stattliche gemauerte Bögen zu entdecken. Wie in einer Tropfsteinhöhle haben sich hier in erstaunlicher Größe Stalagmiten und Stalaktiten gebildet. Durch eine kleine Öffnung fällt der Blick in einen unterirdischen Kanal, der heute eine Sackgasse ist und in dem einige alte Schiffe entsorgt oder vergessen wurden. Die Zufahrt in diesen kleinen Kanal ist vom Ufer aus sichtbar.

Die nächste Brücke ist die Schlossbrücke, die mit ihrem historischen Brückengeländer und den acht überlebensgroßen Marmorfigurengruppen zu den schönsten Brückenbauten Berlins gehört. Der Vorgängerbau, der bis ins frühe 19. Jahrhundert hier stand, trug den Namen Hundebrücke und war ein recht desolates, ja sogar einsturzgefährdetes Bauwerk. Dann kam wieder einmal Karl Friedrich Schinkel ins Spiel – oder besser gesagt zu einem neuen Auftrag für eine repräsentative neue Brücke. Da Berlin schon immer Geldsorgen hatte, verschob sich die Anfertigung der Marmorfiguren mehrfach. Schinkel lag schon zwölf Jahre in seinem Grab auf dem Dorotheenstädtischen Friedhof, als endlich die ersten Figuren aufgestellt wurden. Die beteiligten Bildhauer, jeder war für eine Figurengruppe verantwortlich, waren Emil Wolff, Hermann Schievelbein, Karl Heinrich Möller, Friedrich Drake, Ludwig Wichmann, Albert Wolff, Gustav Blaeser und August Wredow. Ihre Werke zeigen zur Erinnerung an die Freiheitskriege Kampf und Tod junger Helden, begleitet von den Siegesgöttinnen Nike, Iris und Athena.

Die Brücke war, als sie endlich komplett war, das reizvolle Bindeglied zwischen dem Stadtschloss und der Prachtstraße Unter den Linden. Viele Berlin-Besucher haben von der Straße geschwärmt. Einer, der seiner Begeisterung freien Lauf ließ, war Heinrich Heine, der in seinen «Briefen aus Berlin» berichtete: «Aber ich sehe, Sie hören schon nicht mehr, was ich erzähle, und staunen die Linden an. Ja, das sind die berühmten Linden, wovon Sie so viel gehört haben. Mich durchschauerts, wenn ich denke, auf dieser Stelle hat vielleicht Lessing gestanden, unter diesen Bäumen war der Lieblingsspaziergang so vieler großer Männer, die in Berlin gelebt; hier ging der große Fritz, hier wandelte – Er! Aber ist die Gegenwart nicht auch herrlich? Es ist just 12 und die Spaziergangszeit der schönen Welt. Die geputzte Menge treibt sich die Linden auf und ab. (...) Aber schauen Sie die schönen Damen! Welche Gestalten! Ich werde poetisch!»

Das Zeughaus ist das älteste Gebäude der Straße Unter den Linden und zählt zu den schönsten profanen Barockbauten Norddeutschlands. Rüstungen, Helme, Kanonen und die kriegerischen Figuren auf dem Dach und an der Fassade weisen schon von außen auf die Funktion als Waffendepot hin, in dem vor allem Geschütze und Feuerwaffen aufbewahrt wurden. Über dem Hauptportal kündet die lateinische Inschrift von der Wehrhaftigkeit der königlichen Armee und vom Stolz auf errungene militärische Siege:

«Den Waffentaten zur Anerkennung, den Feinden zum Schrecken, den Völkern und Bundesgenossen zum Schutz, hat Friedrich I. der erhabene und unbesiegte König dies Zeughaus zur Bergung aller Kriegswerkzeuge sowie kriegerischer Beute und Trophäen von Grund auf erbauen lassen im Jahr 1706». Beute machten auch Berliner Arbeiter und Handwerker, die am 14. Juni 1848 das Gebäude erstürmten, um sich für die in Berlin ausgebrochene Revolution mit Waffen zu versorgen. Gegen Ende des 19. Jahrhunderts wurde das Zeughaus zum brandenburgisch-preußischen Armeemuseum, das Kurt Tucholsky einmal als «Reklamebau für den Krieg» bezeichnete. Heute hat das Deutsche Historische Museum hier seinen Sitz.

Der Lustgarten auf der gegenüberliegenden Kanalseite gehörte ursprünglich zum Stadtschloss und diente in der Zeit der Kurfürsten als Küchen- und Kräutergarten. Während des Dreißigjährigen Krieges verwilderte er vollständig, bis der Große Kurfürst Friedrich Wilhelm die Fläche nach holländischem Vorbild, in einen Blumengarten mit Orangerie umgestalten ließ. Im hinteren Teil des Gartens wurden zu dieser Zeit erstmals in Berlin Kartoffeln angebaut. Der «Soldatenkönig» Friedrich Wilhelm I. hatte für Blumen überhaupt nichts übrig, dafür schätzte er die Soldaten. Was lag also für ihn näher als die Gartenanlage in einen Paradeplatz umzuwandeln. 1830 machte der Gartengestalter Peter Joseph Lenné, zur Freude der Berliner, aus dem Paradeplatz wiederum eine Gartenanlage. Nach dem Ersten Weltkrieg versammelten sich hier mehrfach über 500.000 Menschen zu politischen Demonstrationen. Als dann die Nazis an die Macht kamen, pflasterten sie die gesamte Fläche und machten den Platz Aufmarschforum.

Heute ist der Lustgarten der grüne Zugang zur Museumsinsel, die ein in sich geschlossenes Ensemble von fünf architektonisch bedeutsamen Museumsgebäuden ist. Die Bauten entstanden zwischen 1824 und 1930 auf der Nordspitze der Spreeinsel. Der Grundstein wurde mit Baubeginn an Schinkels Alten Museum, 1824, gelegt. Der weitere Ausbau zum Museumskomplex ist hauptsächlich Friedrich Wilhelm IV. zu verdanken, der sich ganz im Sinne der romantischen Grundstimmung seiner Zeit eine «reiche Freistätte für Kunst und Wissenschaft» wünschte, zu der nebeneinander die Institute der Universität als auch die Museen gehören sollten. Der architekturbegeisterte König zeichnete selbst auch die erste Entwurfsskizze, die Friedrich August Stüler, ein Schüler Schinkels, zur Planung des Neuen Museums als Grundidee berücksichtigte.

Das Alte Museum, dessen Hauptfront von 18 ionischen Säulen bestimmt wird, entstand zwischen 1824 und 1828 und bildet gegenüber dem Lustgarten den räumlichen Abschluss der Bauten auf der Museumsinsel. Die hier im

Alten Museum gezeigte Antikensammlung gehört weltweit zu den bedeutendsten Sammlungen von Baukunst, Plastik und Kleinkunst. Vor dem Museum steht die aus einem Stein herausgearbeitete Granitschale. Das tonnenschwere Werk, das nach seiner groben Bearbeitung in den Rauenschen Bergen, nah der Stadt Fürstenwalde, mit dem Schiff nach Berlin gebracht wurde, ist, zumindest was Größe und Gewicht betrifft, bis zum heutigen Tag einmalig geblieben. Sieben Jahre dauerte es bis zur Fertigstellung unter Leitung des königlichen Bauinspektors Gottlieb Christian Cantian. Eigentlich sollte die Schale innen, in der Rotunde des Museums, aufgestellt werden. Sie erwies sich aber mit einem Durchmesser von fast sieben Metern als viel zu groß. Nach dieser traurigen Erkenntnis blieb nichts anderes übrig, als sie vor dem Museum aufzustellen.

Gleich hinter der Eisernen Brücke, die gar nicht so eisern ausschaut, wie es ihr Name vermuten lässt, entstand zwischen 1843 und 1846 nach Entwurf von Friedrich August Stüler das erst 1856 eröffnete Neue Museum. Das im Krieg schwer zerstörte Gebäude wird seit 1985 wieder aufgebaut. Das dreigeschossige Gebäude ist ein 105 Meter langer Putzbau. Säulengänge verbinden das Neue Museum mit der Nationalgalerie und betonen die Zusammengehörigkeit der Museumsbauten. Seit die Museumsinsel 1999 von der Unesco zum Weltkulturerbe ernannt wurde, gehen die Restaurierungsarbeiten an allen Bauten besser voran, so dass voraussichtlich 2009 das Neue Museum fertig sein wird. Dann wird das Ägyptische Museum, die Papyrussammlung und das Museum für Vor- und Frühgeschichte die Ausstellungsräume nutzen. Star im Haus wird dann eine Frau sein, die etwa 1338 v. Chr. verstarb und deren Büste am 6. Dezember 1912 bei Ausgrabungen am Nil, zwischen Luxor und Kairo, gefunden wurde – Königin Nofretete. Sie war die Gemahlin von König Amenophis IV. Echnaton und Stiefmutter Tut-ench Amuns. «Schön von Angesicht, Besitzerin des Glücks, ... Königin der Anmut», so beschrieb Echnaton vor 3300 Jahren die geliebte und aparte Ehefrau.

Über eine Brücke gelangen die Besucher zum Eingangsbereich des Pergamonmuseums. Der jüngste Museumsbau der Insel entstand nach Entwürfen von Alfred Messel. Baubeginn war 1909, aber nur Wochen später verstarb der Architekt und die Arbeiten kamen zum Erliegen. Ludwig Hoffmann modifizierte Messels Entwürfe vor dem Weiterbau. Nach mehrfachen Unterbrechungen waren die Arbeiten 1914 weitgehend abgeschlossen. Die feierliche Eröffnung fand aber erst 1930 statt. Im Inneren sind drei Museen untergebracht: Die Antikensammlung mit den Architektursälen und dem Skulpturentrakt, das Vorderasiatische Museum sowie das Museum für Islamische Kunst. Die imposanten Rekonstruktionen berühmter archäologi-

Das Bode-Museum auf der Spitze der Museumsinsel, vor 1914

scher Bauensembles wie Pergamonaltar, Markttor von Milet und Ischtartor, machten das Museum weltweit bekannt. Hauptanziehungspunkt der Besucher ist der aus dem 2. Jahrhundert v. Chr. stammende Pergamonaltar. Sein Skulpturenfries zählt zu den Meisterwerken hellenischer Kunst und zeigt den Kampf der Götter mit den Giganten.

Hinter den Gleisen der S-Bahn, die förmlich über die Museumsinsel schwebt, wirkt das Bode-Museum mit seiner kupfergedeckten Kuppel, wie der stattliche Bug eines Ozeandampfers. Zwischen 1897 und 1904 nach Entwurf von Ernst von Ihne als Kaiser Friedrich-Museum erbaut, bietet das Untergeschoss die maßgeschneiderte Unterbringung des Münzkabinetts. Das Herzstück der Einrichtung ist der fast sechzig Meter lange, mit Panzertüren und Panzerläden gesicherte riesige Tresor, in dem die wertvollen Bestände des Münzkabinetts aufbewahrt sind. Allein der Anblick dieses Tresors lohnt den Besuch. Seine Restaurierung war 2004, zur Hundertjahrfeier des Museums, abgeschlossen. Seither stehen Studiensaal und Bibliothek der Öffentlichkeit wieder zur Verfügung.

Hinter der Monbijoubrücke mündet der Spreekanal wieder in die Spree, die wir vor der Mühlendammschleuse verlassen haben und zu der wir nun zurückkehren. Sie fließt, nach Passieren der Kammerschleuse am Mühlendamm, nach wie vor in langsamem Tempo weiter und erreicht das Nikolaiviertel. Hier befindet sich der Ursprung Berlins. Am Ort der späteren Nikolaikirche entstand gegen Ende des 12. Jahrhunderts eine erste Siedlung, die im 13. Jahrhundert kräftigen wirtschaftlichen Aufschwung nahm und 1232 das Stadtrecht erhielt.

Die Nikolaikirche ist das älteste Zeugnis der Berliner Baugeschichte. Schon um 1230 legten die ersten Ansiedler den Grundstein für einen Kirchenbau. Von dieser Feldsteinbasilika finden sich noch heute einige Teile als Turmunterbau. Nach einer ersten Vergrößerung 1379 erfolgte ein zweiter Umbau im 15. Jahrhundert zur heutigen Gestalt, aber mit nur einem Turm. Die markanten Zwillingstürme, nach Entwurf des Stadtbaurats Blankenstein errichtet, waren anfangs stark umstritten, da sie die Silhouette der Stadt veränderten. Als sie 1877 feierlich eingeweiht wurden, waren die meisten Berliner aber dennoch zufrieden.

Das Nikolaiviertel zwischen Spree, Molkenmarkt, Rathausstraße und Spandauer Straße wurde im Zweiten Weltkrieg bis auf die Grundmauern zerstört und bot bis Anfang der achtziger Jahre einen erschreckenden Anblick. Die Veränderung begann mit den Ost-Berliner Planungen für die 750-Jahr-Feier Berlins. «Alt-Berlin» sollte wieder erstehen – so gut es eben ging. Letztlich entstand ein Freilichtmuseum, da die meisten der rekonstruierten Gebäude ursprünglich an anderen Orten standen. Außer der wiederrichteten Nikolaikirche stehen nur zwei Häuser an der Stelle, wo sie einst errichtet wurden – das Knoblauchhaus in der Poststraße 23 und das Kurfürstenhaus, das durch seine rote Sandsteinfassade am Spreeufer auffällt.

Am Spreeufer steht auf einem kleinen Platz das überlebensgroße Bronzedenkmal des Heiligen Georg als Drachentöter. Es wurde 1855 von August Kiss geschaffen und im Hof des Stadtschlosses aufgestellt. Nach dem Abriss des Schlosses fand das Denkmal Aufstellung im Volkspark Friedrichshain, bevor es beim Wiederaufbau des Nikolaiviertels hierher versetzt wurde.

Hat die Spree das Nikolaiviertel hinter sich gelassen, fließt sie unter der Rathausbrücke hindurch. Schon seit dem 14. Jahrhundert hat es hier unterschiedliche aus Holz gebaute Spreeübergänge gegeben. Im 17. Jahrhundert entstand die «Lange Brücke» in massiver Bauweise, auf der das Reiterstandbild des Großen Kurfürsten von Andreas Schlüter stand. Die Brücke hat die Zerstörungen des letzten Krieges nicht überlebt. Das Reiterdenkmal war zuvor sichergestellt worden und fand sich nach der späteren Teilung der Stadt in West-Berlin wieder, wo es vor dem Schloss Charlottenburg aufgestellt ist.

Gegenüber dem Nikolaiviertel, direkt neben der Rathausbrücke, erhebt sich der graue Bau des Marstalls, der 1902 nach Entwurf des Hofbaumeisters Ernst von Ihne fertiggestellt wurde. Er diente der Unterbringung von Pferden und Kutschen, bot aber auch Wohnraum für Bedienstete des kaiserlichen Hofes. Im Revolutionswinter 1918/19 war der Marstall von einer

Truppe revolutionärer Matrosen besetzt. In den Weihnachtstagen eskalierte dann ein schon länger schwelender Konflikt um noch ausstehende Soldzahlungen. Regierungstruppen beschossen daraufhin den Marstall sowie das benachbarte Schloss und versuchten die Gebäude zu stürmen. Am Ende der Auseinandersetzungen wurden elf tote Marinesoldaten und mehrere Dutzend tote Angreifer gezählt. Trotz des Erfolges der Matrosen verloren die revolutionären Kräfte zunehmend an Bedeutung und konnten die Niederschlagung des Spartakusaufstandes im Januar 1919 nicht verhindern. Heute geht es im Marstall ausgesprochen friedlich zu. Die Studenten der Hochschule für Musik Hanns Eisler nutzen die Räume und laden die Musikfreunde Berlins regelmäßig in die historischen Kutschensäle zu ihren Konzerten.

Im Moment sind nur noch Stahlskelettreste vom Palast der Republik zu sehen und bald werden auch diese verschwunden sein. Die «Visitenkarte der DDR» wurde 1976, nach einer Bauzeit von weniger als eintausend Tagen, eingeweiht. Der moderne Repräsentationsbau war eine vielfältig nutzbare Veranstaltungs- und Vergnügungsstätte der Ost-Berliner. In dem Bauflügel zur Domseite hatte das Parlament der DDR, die Volkskammer, ihren Sitz. Den zentralen Bereich des Gebäudes bildete das Hauptfoyer mit einer Länge von 86 Metern, bei einer Breite von 42 Metern. In der «Galerie», im zweiten und dritten Stock, hingen eigens für dieses Haus geschaffene Gemälde von 16 zeitgenössischen DDR-Künstlern. Der größte Veranstaltungssaal im Gebäude bot Platz für 4800 Besucher. Außerdem waren ein Theater, vier Restaurants, Cafés, Wein- und Bierstuben, ein Jugendtreff, eine große Bowlingbahn sowie ein Postamt und ein Informationszentrum untergebracht.

Nach der Wiedervereinigung begann ein jahrelanges Gerangel um die Frage, wie mit dem Bau in Zukunft verfahren werden soll – Abriss oder Erhalt. Die Angst der Politiker, eine Entscheidung zu treffen, die wohlmöglich einige Wählerstimmen kosten könnte, führte zu einem Kunstgriff. In fast allen Großbauten der siebziger Jahre war Spritzasbest für den Brandschutz verarbeitet worden. Gleichermaßen in Ost und West, so auch im Palast der Republik. Wurde das «Gift» im Internationalen Congress Centrum (ICC), wie auch in anderen öffentlichen Gebäuden, als ungefährlich eingestuft, musste hier der Asbest porentief verschwinden. Die Asbest-Sanierung dauerte einige Jahre und verschlang Unsummen an Steuergeldern. Als die Arbeiten abgeschlossen waren, blieb hinter den Fassaden nur das kahle Stahlskelett übrig, und der Bau war nun abrissbereit.

Der Berliner Dom ist ein Werk des Baumeisters Julius Raschdorff. Der gewaltige Bau sieht erheblich älter aus, als er es in Wirklichkeit ist, denn nach

Friedrichsbrücke und Dom, 1924. Fotograf: Max Missmann

neunjähriger Bauzeit wurde er erst 1905 fertiggestellt. Es ist übrigens schon der vierte Dombau in Berlin, der dritte davon hier am Lustgarten. Die Kriegsschäden waren erheblich, da 1944 eine Brandbombe die Kuppel traf, worauf die schwere Eisenkonstruktion hinunterfiel und den Fußboden der Predigtkirche durchschlug. Die Wiederherstellungsarbeiten begannen erst 1975 und zogen sich bis in die Mitte der neunziger Jahre hin. Sind im Kirchenschiff selbst einige Prunksarkophage zu bestaunen, darunter auch die des Großen Kurfürsten Friedrich Wilhelm und seiner Gemahlin Kurfürstin Dorothea, sind die eigentlichen Hohenzollernsärge mit den sterblichen Überresten in der restaurierten Domgruft zu besichtigen. Sein abgetragener Vorgängerbau war nach Entwurf von Karl Friedrich Schinkel umgebaut und 1822 geweiht worden. Von diesem Bau wurden einige Teile der ehemaligen Chorschranken wieder verwendet. Außerdem ist noch eine Säule des Schinkel-Doms im Freigelände der Technischen Universität Berlin zu entdecken.

Die Alte Nationalgalerie, an der Spreeseite gelegen, wurde nach zehnjähriger Bauzeit 1876 als dritter Museumsbau der Museumsinsel fertiggestellt. Die Entwürfe stammen von Friedrich August Stüler, der dabei Skizzen Friedrich Wilhelms IV. berücksichtigte. Die Bauausführung lag in den Händen von Johann Heinrich Strack. Der an römische Tempel erinnernde Bau wurde auf einen Sockel gesetzt und von einem Säulengang umgeben. Unter der Freitreppe befindet sich der Haupteingang. Darüber auf einem Sockel das Reiterstandbild von Alexander Calandrelli, das an Friedrich Wilhelm IV., den geistigen Schöpfer dieser großartigen Architekturidee, erinnert. Der Bau ist der Rahmen für die Kunst des 19. Jahrhunderts. Die Ausstellung beginnt mit den idealistischen Anfängen des Klassizismus und der Romantik und führt zu den großen europäischen Kunstbewegungen des Impressionismus, Symbolismus und Jugendstil. Hier hängen die Meisterwerke von Caspar David Friedrich und Karl Friedrich Schinkel, der sich neben der Baukunst auch der Malerei widmete und sogar Bühnenbilder für das Königliche Opernhaus schuf. Außerdem trifft man auf Werke von Anselm Feuerbach, Arnold Böcklin, Adolph Menzel, Lovis Corinth und Max Liebermann.

Lange bevor die Museumsbauten geplant wurden, eröffnete 1802 die erste öffentliche Badeanstalt auf der Spreeinsel. Ein Jahr darauf kam das «Welpersche Badeschiff» des Obermedizinalrats und Stadtphysikus Dr. Welper an der Langen Brücke hinzu. Es war ein auf Tonnen in der Spree schwimmendes Badeschiff, dass sich bei starkem Besuch bedenklich auf die Seite neigte. Damals war es nur Männern gestattet, sich dem Badevergnügen hinzugeben. Erst 1831 eröffnete die erste Spreebadeanstalt für Frauen neben der Moabiter Brücke. Von da an durften auch die Frauen in der Spree plantschen – aber getrennt von den Männern.

Den meisten Jugendlichen war der Eintrittspreis in den Bädern zu hoch. Auf dem «Welperschen Badeschiff» kostete ein Bad in der «Senkzelle» als Einzelperson vier, in Gesellschaft mehrerer Badegäste zwei Groschen. Sie nutzten lieber die kostenlosen «wilden Badestellen» in der Spree, im Schafgraben oder der Panke. Das allerdings rief schnell die Gendarmen auf den Plan, und Polizeidirektor Büsching mahnte entsprechend am 7. Mai 1804: «Das besonders bey dem jetzigen hohen Wasser so äußerst gefährliche Baden im Stadtgraben, zwischen dem Schlesischen, Cottbusser und Halleschen Thore, desgleichen in der Spree, vorzüglich im Kupfergraben, im Thiergarten und in der Gegend der (Moabiter) Pulvermühlen wird hiermit von neuem bey hoher Ahndung untersagt, und sollen die Übertreter dieses Verbots sofort arretiret werden.» Aber weder diese noch andere Androhungen, wie Wegnahme der Kleidung, sofortige Festnahme oder Züchtigung mit der Rute, hielten den Drang vieler Berliner nach Badefreuden auf. In den nächsten Jahren eröffneten weitere Bäder, so 1828 die «Pochhammersche Badeanstalt» an der Jannowitzbrücke und das «Studentenbad» am Landwehrkanal in Höhe der Ratiborstraße.

1922 stellte Professor Dr. E. Seligmann, Direktor der wissenschaftlichen Institute im Städtischen Hauptgesundheitsamt fest: «Als Reste einer vergangenen, hygienisch anspruchsloseren Zeit waren mitten in der Stadt, im Spreelauf, Holzbauten erhalten geblieben, die sich stolz ‹städtische Badeanstalten› nannten, trotzdem sie eng umbaut, von Licht und Luft abgeschlossen, im Strom von Abwässern und Schiffsdejekten ein beschämendes Dasein führten.» Da auch bakteriologische Untersuchungen den äußeren Eindruck bestätigten, beschloss der Magistrat am 20. Mai 1925, die städtischen Flussbadeanstalten von Alt-Berlin in den Bezirken Mitte, Kreuzberg und Lichtenberg zu schließen. In der Begründung hieß es, dass bei der stetig zunehmenden Verunreinigung des Spreewassers keine Garantie mehr für ein nicht gesundheitsschädliches Baden übernommen werden könne.

1895 eröffnete zwischen Spree und dem Bahnhof Börse (heute Hackescher Markt), das bekannte Zirkusunternehmen Busch, einen festen Zirkusbau. Direktor Paul Busch, Sohn eines Berliner Kaufmanns, hatte als Junge beschlossen, Landwirt zu werden. Er wurde es und entdeckte dabei seine Zuneigung zu Pferden und die Fähigkeit zur Dressur. Bald ließ er die Landwirtschaft sein, und der junge Mann stand mit seiner ersten klassischen Pferdedressur im Stil der Hohen Schule im berühmten russischen Zirkus Salamansky peitscheschwingend in der Manege. Nach einigen Jahren gründete Busch in Schweden einen eigenen Wanderzirkus, mit dem er eine erfolgreiche mehrjährige Tournee durch ganz Skandinavien unternahm. Seine Frau Barbara Sidonie war als «Miß Constanze» eine der berühmtesten Kunstreiterinnen Europas.

Die Zeit um 1900 war die Blütezeit vieler großer Zirkusunternehmen. So bespielte Busch bereits zwei eigene Häuser in Altona und Wien, bevor der Berliner Zirkus mit 4330 Plätzen am Monbijoupark seine Tore öffnete. Der Konkurrenzdruck zwischen den Zirkusunternehmen war groß und das Publikum nur mit ständig neuen Sensationen zufriedenzustellen. Paul Busch lockte die Besucher mit der größten Pferdedressur Europas, an der bis zu einhundert Tiere mitwirkten. Auch die Töchter, Paula und Virginia, traten in die Fußstapfen der Eltern, obwohl diese mit ihnen ganz anderes vorhatten. Paula musste in Köln ein Mädchengymnasium besuchen und studierte anschließend in Heidelberg und Berlin, Philosophie, Literatur- und Kunstgeschichte – um dann doch in der Manege zu landen.

Die berühmteste Artistin im Zirkus Busch war Minna Schulze, die als «Wasserminna» Zirkusgeschichte schrieb. Die Tochter einer Wäscherin war in einer dunklen Hinterhauswohnung in der Auguststraße aufgewachsen. Sie hatte sieben Jahre mit geringem Erfolg die Volksschule besucht und fand anschließend, damals war sie gerade 14 Jahre alt, für sechs Mark monatlich eine Anstellung als Dienstmädchen. Nach mehrfachem Wechsel der Arbeitsstelle nahm sie eine Arbeit als Putzfrau in der Spree-Schwimmanstalt an der Ebertsbrücke an. Da sie selbst eine gute Schwimmerin war, übernahm sie bald die Badeaufsicht und erteilte auch Schwimmunterricht. Durch eine Zeitungsannonce gelangte sie zum Zirkus Busch, der Schwimmerinnen für ein neues Wasserballett suchte. Als sie dort vorstellig wurde, waren die Schwimmerinnen bereits komplett, aber sie wurde als Statistin engagiert, für eine Mark Gage pro Vorstellung.

Das bunte Zirkusleben begeisterte das junge Mädchen. Sie lernte schnell, war mutig und bald vielseitig einsetzbar. Heute ist Zirkus eine Aneinanderreihung unterschiedlicher Darbietungen. In seiner Blütezeit wurden, wie im Theater, Stücke mit aufwendigen Kulissen und vielen Darstellern aufgeführt. In einer Produktion, der Regisseur hatte offenbar Schillers Bürgschaft vor Augen, sollte ein Ritter nach einem ins Wasser geworfenen Becher tauchen. Als der junge Ritter erfuhr, dass er dazu aus der 27 Meter hohen Kuppel in ein winzig kleines Wasserbecken springen sollte, verließ ihn der Mut und alle Überredungskünste wirkten nicht. Daraufhin fragte der Direktor Minna, ob sie sich den Sprung zutraue, worauf sie erwidert haben soll: «Na, is ejal, ob de Neese hinten oder vorne sitzt, ick springe!» Der Sprung gelang und von nun an war sie als «Wasserminna» die Sensation vom Zirkus Busch, die auf vielen Zirkusplakaten zu sehen war.

Ihre halsbrecherischen Darbietungen gelten bis heute als unübertroffen. Sie kämpfte mit riesigen Schlangen, sprang aus großer Höhe auf einem Pferd sitzend oder mit einem ausgewachsenen Bären in ein Wasserbecken. Das war gefährlich und entsprechend oft wurde sie verletzt. Ein Bär hat sie, als beim Sprung ins Wasser sein Maulkorb verrutschte, wenig freundlich angeknabbert, wovon zeitlebens eine stattliche Narbe an ihrem Schenkel zeugte.

Vom Zirkus kam Minna nie wieder los. So lange die Knochen mitmachten, stand sie in der Manege. Im Privatleben hatte sie weniger Glück. Viele Männer verehrten sie, aber so richtig hat es nach ihrer eigenen Aussage nie funktioniert mit der Liebe. So blieb sie allein, tröstete sich manchmal mit der Flasche und wurde im Alter Haushälterin bei der von ihr sehr verehrten Paula Busch. Diese hatte nach dem Tod des Vaters 1927 die Direktion des Unternehmens übernommen. Unter ihrer Führung blieb der Zirkus zwar erfolgreich, aber die große Zeit der aufwendigen Manegenspektakel war vorbei. 1934, Zirkus Busch hatte gerade sein fünfzigstes Jubiläum gefeiert, kam die Nachricht, dass der Zirkusbau an der Spree verschwinden solle. Er war der Speerschen Stadtumgestaltung auf dem Weg nach «Germania» im Wege. Zahlreiche Persönlichkeiten setzten sich für den Erhalt ein, aber es half nichts, der Zirkusbau wurde 1937 abgerissen. Minna Schulzes aufregendes Zirkusleben endete 1953 im Alter von siebzig Jahren. Sie, die nie eine eigene

Schloss Monbijou von der Wasserseite. Dismar Dägen, um 1730

Familie hatte, wurde im Busch-Mausoleum, auf dem Dorotheenstädtischen Friedhof II, in der Weddinger Liesenstraße beigesetzt.

Nur die alten Bäume des Monbijouparks erinnern noch an das «Lusthaus» des Ministers von Wartenberg, das Eosander von Göthe einst erbaute und das Friedrich Wilhelm I. für seine Gemahlin Sophie Dorothea erwarb und es anschließend durch großzügige Flügelbauten vergrößern ließ. Das Schloss blieb nach ihrem Tod lange unbewohnt und diente später, während des Baues des Alten Museums, der provisorischen Lagerung vieler Kunstschätze, so auch der Sammlungsstücke des Ägyptischen Museums. Die Bomben des Krieges hatten das Schloss stark mitgenommen, doch hätte man es restaurieren können. Im Sommer 1957 hatte es der Direktor des DDR-Instituts für die Geschichte der Baukunst noch als «Perle des Städtebaues» bezeichnet und sich für den Erhalt ausgesprochen. Wenige Wochen darauf rückten Bauarbeiter mit Spitzhacken an, und schnell war das Schloss Monbijou für immer verschwunden.

Gegenüber, von mächtigen Turmbauten markiert, erhebt sich ein großer Kasernenkomplex, 1897 im Neo-Renaissancestil errichtet. Zu DDR-Zeiten befand sich hier das Domizil des «Wachregiments Friedrich Engels» (die Gebäude werden heute vom Deutschen Historischen Museum genutzt). Friedrich Engels war von 1841 bis 1842 als preußischer Untertan im Garde-Artillerieregiment als «Bombardier» dienstverpflichtet – in einer früheren Kaserne an gleicher Stelle.

Wo ist Fontanes Verlobungsbrücke geblieben?

Von der Friedrichstraße zum Luisenplatz

Wer Fontane schätzt und vielleicht auch etwas über sein Leben gelesen hat, weiß, das sein persönliches Schicksal sehr eng mit der Weidendammer Brücke verbunden war, denn genau hier, mitten auf der Brücke hat er sich verlobt. Aber lassen wir ihn selbst zu Wort kommen und von diesem Schicksalstag berichten: «Nun war achter Dezember (1845), an welchem Tage mein Onkel August (...) seinen Geburtstag hatte. Während der ersten Nachmittagsstunden erhielt ich, in Dreiecksform, einen in ungemein zierlichen, aber etwas schulmäßigen Buchstaben geschriebenen Brief, der dahin lautete: ‹Lieber Freund. Ich war eben zur Gratulation bei Ihrem Onkel und erfuhr zu meinem Bedauern, dass Sie durch Ihren Dienst verhindert sind, die heutige Geburtstagsfeier mitzumachen. Ich meinerseits werde da sein, bin aber in einiger Verlegenheit wegen des Nachhausekommens. Ich denke, Ihr Bruder soll mich um 10 bis an Ihre Apotheke begleiten, von wo aus Sie wohl den Rest des Weges übernehmen. Ihre Emilie Kummer.› Und so kam es. Gleich nach zehn Uhr, von wo ab ich frei war, war das Fräulein da. Der noch zurückzulegende Weg war nicht sehr weit, aber auch nicht sehr nah: die ganze Friedrichstraße hinunter bis ans Oranienburger Tor und dann rechts in die spitzwinklig einmündende Oranienburger Straße hinein, wo die junge Dame in einem ziemlich hübschen, dem großen Posthof gegenübergelegenen Hause wohnte. Da wir beide plauderhaft und etwas übermütig waren, so war an Verlegenheit nicht zu denken und diese Verlegenheit kam auch kaum, als sich mir im Laufe des Gesprächs mit einem Male die Betrachtung aufdrängte: ‹ja, nun ist es wohl eigentlich das Beste, Dich zu verloben.› Es war wenige Schritte vor der Weidendammer Brücke, dass mir dieser glücklichste Gedanke meines Lebens kam und als ich die Brücke wieder um eben so viele Schritte hinter mir hatte, war ich denn auch verlobt. Mir persönlich stand dies fest. Weil sich aber die dabei gesprochenen Worte von manchen früher gesprochenen nicht sehr wesentlich unterschieden, so nahm ich plötzlich, von einer kleinen Angst erfasst, zum Abschiede noch einmal die Hand des Fräuleins und sagte ihr mit einer mir sonst fremden Herzlichkeit: ‹Wir sind aber nun *wirklich* verlobt.›»

Spätestens jetzt sieht man die Weidendammer Brücke mit ganz anderen Augen. Plötzlich erscheint sie uns noch schöner, als sie es ohnehin schon ist, mit dem stattlichen Preußenadler und den wohlgeformten Kandelabern. Bevor wir die Brücke etwas genauer betrachten, lassen wir Wolf Biermann, den frisch gebackenen Ehrenbürger der Stadt Berlin, zu Wort kommen, der einst unweit der Brücke, Ecke Chausseestraße wohnte. Er hat dem preußischen Ikarus eine seiner Balladen gewidmet:

«Da, wo die Friedrichstraße sacht
den Schritt über das Wasser macht,
da hängt über der Spree, die Weidendammer Brücke.
Schön kannst du da Preußens Adler sehn,
wenn ich am Geländer steh'.»

Am Fuß zweier Kandelaber ist neben filigranen Ornamenten zu lesen: «Erbaut 1895-1896». Aber hat sich Theodor Fontane mit Emilie Rouanet-Kummer nicht am 8. Dezember 1845 verlobt? Da gab es diese Brücke ja noch gar nicht, sie entstand ja erst fünfzig Jahre später. Was ist dann aber aus der echten «Verlobungsbrücke» geworden? Befassen wir uns noch etwas mit der Geschichte des Bauwerkes.

1685 wurde die erste Brücke an dieser Stelle über die Spree gebaut. Sie war aus Holz und hieß Dorotheenstädtische oder Spandauer Brücke. Nach 140 Jahren war das Holz morsch geworden, und es musste eine neue, modernere Brücke her. Diesmal entstand eine gusseiserne Bogenbrücke, bei der das hölzerne Mittelteil nach oben geklappt werden konnte, um Schiffen die Durchfahrt zu ermöglichen. Dieses neue Bauwerk zog nach seiner Fertigstellung im Jahr 1826 die Aufmerksamkeit der Berliner auf sich. Leopold Freiherr von Zedlitz beschreibt 1834 das eiserne Bauwerk in seinem «Neuesten Conversations-Handbuch für Berlin und Potsdam zum täglichen Gebrauch der Einheimischen und Fremden aller Stände»: «Jetzt ist diese Brücke insofern die erste und einzige ihrer Art in der Welt, als bei ihr nämlich, anstatt der bisher nur allein üblich gewesenen massiven Pfeiler, gegen welche die Bogen gespannt werden müssen, zuerst der Versuch gemacht ist, mit freistehenden eisernen Pfeilern, welche die ebenfalls eisernen Bogen tragen, so daß an dieser Brücke, ausgenommen den hölzernen Pfahlrost im Grunde, die hölzernen Zugklappen, (...) alles durchaus von Eisen ist. Sie hat 4 Bogenöffnungen, in der Mitte eine Durchfahrt für Schiffe (...) Die ganze Brücke ist 177 Fuß lang, zwischen dem eisernen Geländer 34 F. breit und hat 60 000 Rthl. gekostet.»

Dem ständig wachsenden Verkehr der Gründerzeit konnte die Brücke bald nicht mehr gerecht werden. Zu beiden Seiten wurde sie deshalb um je einen Gehweg für Fußgänger verbreitert. Trotzdem war sie für den Verkehr immer noch zu schmal. So blieb nur der Abriss, ohne Rücksicht darauf, dass sich der größte Wanderer der Mark hier einmal verlobt hat. So wurde die heutige Brücke gebaut, und die «Verlobungsbrücke» sollte auf den Schrottplatz. Dass sie bis zum heutigen Tage erhalten blieb, ist weitgehend unbekannt. Die

Fontanes «Verlobungsbrücke» in Eberswalde

Spur führt in das 35 Kilometer entfernte Eberswalde. Die durch Holzhandel mit Berlin wohlhabend gewordene Gemeinde Liepe bei Oderberg erwarb die Brückenteile zum Schrottwert und ließ sie auf dem Wasserweg zum Finowkanal transportieren. Sie wurde etwas verändert und um dreizehn Meter gekürzt wieder aufgebaut. Da sie in der Nähe des Teufelsberges stand, gab ihr der Volksmund den Namen «Teufelsbrücke».

15 Jahre diente sie dort der Kanalüberquerung, bis dieser für die Durchfahrt größerer Schiffe verbreitert wurde. Die Kanalverwaltung kaufte die Brücke von der Gemeinde, demontierte sie und wiederum blieb ihr der Schrottplatz erspart. Zwanzig Kilometer von Liepe entfernt wurde sie 1913 bei Heegermühle in Eberswalde wieder aufgebaut, um dort die Hafenausfahrt eines Messingwerkes zum Finowkanal, zu überbrücken. Beim Aufbau mussten die beiden Seitenfelder, der einst fünfjochigen Brücke, gekappt und auf landseitig gemauerte Auflager gesetzt werden. Seit den dreißiger Jahren ist das Bauwerk seiner Funktion beraubt. Als nicht mehr getreidelt wurde, verfiel nach und nach auch der Treidelweg zur Brücke. Da die Herkunft den Eberswaldern nicht bekannt war, drohte ihr zu DDR-Zeiten die endgültige Verschrottung. Durch Zufall erfuhr der damalige ehrenamtliche Kreisdenkmalpfleger von den Abrissplänen und informierte den Rat des Kreises über die Geschichte der Brücke, die daraufhin in die Kreisdenkmalliste aufgenommen wurde. So blieb, wenn auch nicht komplett und nicht im besten Zustand, Fontanes «Verlobungsbrücke» in Eberswalde bis zum heutigen Tage erhalten.

Die Friedrichstraße war schon um 1900 eine der belebtesten und bekanntesten Straßen der Stadt. Als Berlin noch von einer Stadtmauer umgeben war, bildete die dreieinhalb Kilometer lange Straße eine Achse, die das Oranienburger Tor im Norden mit dem Halleschen Tor im Süden verband. In der Mitte die berühmte Kreuzung mit der Straße Unter den Linden. Zur Belebung der Straße trägt seit seiner Eröffnung am 7. Februar 1882 auch der Bahnhof Friedrichstraße bei, der damals zu den bedeutendsten Ingenieurbauwerken gehörte. Nach dem Bau der Mauer spielte der U-, S- und Fernbahnhof im grenzüberschreitenden Verkehr eine wesentliche Rolle. In der Grenzabfertigungshalle stauten sich die Warteschlangen der Reisenden. Der rund um die Uhr geöffnete Intershop war für viele West-Berliner eine gern genutzte Quelle für zollfreien Einkauf von Zigaretten und Alkohol.

Zwischen dem Spreeufer und dem Bahnhofsgebäude befindet sich der «Tränenpalast», zur Zeit der Teilung die Ausreisehalle der «Grenzübergangsstelle Bahnhof Friedrichstraße». Wer als Reisender oder Tagesbesucher Ost-Berlin verlassen wollte, hatte sich vor dem Eingang erst einmal ordentlich in die Warteschlange einzureihen. Beim Betreten der Halle übernahmen zwei Volkspolizisten die «Vorkontrolle». Über eine abwärts führende Treppe ging es dann weiter zur Zollkontrolle. Da die Ausfuhr von DDR-Währung in den Westen verboten war, musste noch vor der Zollkontrolle übrig gebliebenes Geld, auch kleine Beträge unter zehn Mark, auf ein Sonderkonto der Staatsbank eingezahlt werden. Nach einer gründlichen Durchsuchung des Gepäcks kam nun die eigentliche Kontrolle der Reisedokumente. Leuchtschilder trennten zuvor die ausreisenden Personen in «Bürger Berlin (West)», «Bürger der BRD», «Bürger DDR» (hier gab es nur selten eine Warteschlange) und «Bürger anderer Staaten». Hier erfolgte dann die penible Kontrolle der Pässe bzw. Personalausweise, oft mit dem Hinweis: «Machen sie mal das linke Ohr frei». Nach dieser «Abfertigung» wurde eine Tür mittels Summer kurz geöffnet, und der DDR-Besucher durfte den Bahnhofsbereich betreten, der für den westlichen Verkehr reserviert war. In den vergangenen Jahren wurde die einstige Abfertigungshalle als Veranstaltungsort für Kabarett, Diskussionsrunden und Rockkonzerte genutzt. Nun baut ein Investor auf dem Grundstück und will den «Tränenpalast» in den Neubau integrieren.

Es war schon eine kleine Sensation, als im August 2006 ein neues Theater in Berlin eröffnete. Eigentlich war es gar nicht neu, aber es war viele Jahre geschlossen und dadurch beinahe in Vergessenheit geraten. Kaum ein Theaterfreund hat damit gerechnet, dass in einer Zeit knapper Stadt-Finanzen, in der viel von Theater-Schließungen gesprochen wurde, plötzlich wie Phönix aus der Asche eine neue Spielstätte entsteht. Falk Walter, selbst Schauspieler und heute Betreiber der «Arena» in Treptow, ist es zu verdanken, dass dem legenderen Admiralspalast am Bahnhof Friedrichstraße neues Leben eingehaucht wurde. Eröffnet wurde feierlich mit Brechts «Dreigroschenoper». Regie führte Klaus Maria Brandauer, der den Frontmann der «Toten Hosen», Campino, den Mackie Messer spielen ließ.

Die Geschichte des Hauses begann 1867, als bei Bauarbeiten in der Friedrichstraße zufällig eine Solequelle entdeckt wurde. Die Architekten Kyllmann und Heyden bauten daraufhin ein kleines Badehaus, das man 1910 durch einen größeren, repräsentativen Neubau ersetzte. Das neue Admiralsgartenbad nahm unter den Bädern der Reichshauptstadt schnell eine bevorzugte Stellung ein. Schon die Fassade zur Straße wirkte durch dorische Granitwandsäulen und reichhaltigen Reliefschmuck äußerst repräsentativ. Das Hauptbadebecken war 14 Meter lang, bei einer Breite von fünf Metern. Es wurde durch eine große Zahl römisch-russischer Bäder und besondere Herren- und Damenbaderäume ergänzt, die alle mit Karlsruher Majolikaplastiken und Mosaikbildern im klassischen Stil verziert waren. Außerdem gab es eine Eislaufbahn von fünfzig Metern Länge und 23 Metern Breite. Ein exklusives Café hatte im ersten Stock eröffnet und über die zweite und dritte Etage war ein Lichtspieltheater eingebaut. Joseph Roth hat 1920 für die «Neue Berliner Zeitung» das Bad besucht und «Das Asyl der Reinlichen» beschrieben: «Das Dampfbad im Admiralspalast ist wieder die ganze Nacht offen, nachdem sein Nachtbetrieb während des Krieges zuerst eingeschränkt, dann vollkommen eingestellt war. (...) Heute ist das Dampfbad ein Nachtasyl geworden. Wer kein Hotelzimmer findet, geht ins Dampfbad. Eine Nacht kostet 20 Mark. Für diesen Preis hat man sich sozusagen reingeschlafen und ausgeschwitzt. (...) Von dem nahegelegenen Bahnhof Friedrichstraße kommen gegen Mitternacht Reisende mit Koffern. Von ergebnislosen Wanderungen durch die Hotels der Stadt zurückgekehrt, atmen die Menschen Erlösung vor dem Eingang ins Bad. Es ist langsam eine notwendige Institution dieser Großstadt geworden! Es fördert und reinigt den Fremdenverkehr.»

Zwei Jahre nach Roths nächtlicher Recherche für die «Neue Berliner» erfolgte ein grundlegender Umbau des Mittelflügels, in dem das «Theater im Admiralspalast» mit zwei Rängen und 2200 Plätzen entstand. Es war ein Revuetheater, in dem auch die legendären Haller-Revuen zur Aufführung kamen. Mitte der dreißiger Jahre, der Musikgeschmack hatte sich zwischenzeitlich verändert, entwickelte sich die Spielstätte zum Operettentheater.

Im April 1946 fand im Admiralspalast der Vereinigungsparteitag der ostzonalen Kommunistischen Partei Deutschlands (KPD) mit der Sozialdemokratischen Partei Deutschlands (SPD) statt. Zwei Jahre später, nach der Spaltung der Stadtverwaltung, wurde dann im November 1948, Friedrich Ebert zum Oberbürgermeister von Ost-Berlin gewählt. Bis 1955 diente der Bau der im Krieg zerstörten Deutschen Staatsoper als Spielstätte, dann eröffneten das Metropol-Theater und nebenan die «Distel» ihre Kabarett-Bühne.

Man muss schon sehr genau hinschauen, um die Mündung der Panke in die Spree zu entdecken. Es ist eine unscheinbare Öffnung in der rechten Uferbefestigung, gleich hinter der Weidendammer Brücke. Dem in mehreren Liedern besungenen Berliner Fluss hat man übel mitgespielt. Es beginnt schon in der Nähe von Bernau damit, daß die Quelle nicht zu finden ist, da es sich um eine sogenannte Wiesenquelle handelt. Diese Wiese liegt neben der Bahnstrecke nach Eberswalde, nah dem Bahnmast 24-2. Dort steigt an verschiedenen Stellen Wasser an die Oberfläche, um sich dann zu einem kleinen Rinnsal zu vereinen. Bald erreicht der kleine Fluss Bernau, wo er einst den Wallgraben der Stadtbefestigung speiste, um die Hussiten von der Stadt abzuhalten. Später war die Panke offenbar der Stadt Bernau im Wege, denn um 1900 wurde sie in Rohre verbannt und verschwand unsichtbar im Untergrund. Erst in einem Laubengelände, am Stadtrand von Bernau, taucht sie wieder auf und macht sich nun auf den 35 Kilometer langen Weg nach Berlin. Sie fließt durch die Schlossparks von Buch und Niederschönhausen sowie den Pankower Bürgerpark. In Wedding trat der kleine Fluss in der Vergangenheit mehrfach über seine Ufer, was sogar zu Überschwemmungen führte. Nicht grundlos gaben die Slawen ihr einst den Namen «Panika» – die Unstete. Um zukünftige Überschwemmungen zu verhindern, wurde in den siebziger Jahren ein kompliziertes System entwickelt, das verschiedene Wehre automatisch steuert, um die Panke bei Bedarf zu zügeln. In Wedding gabelt sie sich in zwei Arme. Der größere Teil ihres Wassers ergießt sich in den Nordhafen, ein anderer Teil fließt weiter nach Mitte, dort genau unter dem Kassenraum des Berliner Ensembles hindurch und tröpfelt wenig später in die Spree.

Das von Bertolt Brecht und Helene Weigel 1949 gegründete Berliner Ensemble galt in der jungen DDR als die zentrale künstlerische und moralische Instanz. Nach Brechts Tod 1956 führte seine Frau das Theater bis zu ihrem Tod im Jahr 1971 als Intendantin weiter. Nach dem Ende der DDR musste das Theater einen neuen Weg finden, was nach Anfangsschwierigkeiten gelang. Heute gehört es unbestritten zu den wichtigen Spielstätten der Hauptstadt.

Auf dem Vorplatz seiner langjährigen Wirkungsstätte, wo schon 1928 seine «Dreigroschenoper» uraufgeführt wurde, hat sich der große Theatermann niedergelassen. Er sitzt dort, in Bronze gegossen, als säße er am Regiepult.

Auf seiner schlichten Bank ist noch Platz. Es scheint, als wolle er Vorübergehende auffordern, sich zu ihm zu setzen. Die Anlage ist ein Gemeinschaftswerk des Architekten Peter Flierl und des Bildhauers Fritz Cremer. Letzterer war mit Brecht befreundet. Das Denkmal, enthüllt am 10. Februar 1988, an dem Tag wäre der Dichter neunzig Jahre alt geworden, steht auf einer kreisförmigen Fläche, die an eine Drehbühne erinnert. Drei Säulen aus poliertem schwarzen Stein gehören mit zu der Anlage. Inschriften wie «Das Alte sagt: So wie ich bin, bin ich seit je / Das Neue sagt: Bist du nicht gut, dann geh», geben Brechts Auffassungen über Ästhetik, Philosophie und Politik wider.

Seit der Wiedervereinigung und dem damit verbundenen Regierungsumzug von Bonn nach Berlin hat sich das Gebiet zwischen Spreebogen und dem Tiergarten radikal verändert. Jeder Quadratmeter Boden wurde in den letzten Jahren mit Baggern und Schaufeln durchwühlt und kein Stein blieb dabei auf dem anderen, denn um das Reichstagsgebäude herum entstand an der Spree das neue Regierungsviertel, die «Schaltzentrale der Macht».

Am linken Ufer, gleich hinter der Marschallbrücke, ist der Gebäudekomplex Jakob-Kaiser-Haus zu sehen. Es ist von außen nicht zu erkennen, daß es sich dabei um *ein* Gebäude handelt, zumal dazwischen auch zwei alte Fassaden zu entdecken sind. Der Zusammenhang wird nur im Untergrund deutlich, da unterirdisch alle Einzelbauten miteinander verbunden sind, auch mit dem Reichstagsgebäude. Aber auch oberirdisch gibt es Verbindungen zwischen den Gebäuden, wie man an Übergängen erkennen kann, die über die Dorotheenstraße hinweg Gebäudeteile verbinden. Im Inneren sind die Bundestagsverwaltung sowie Büros der Fraktionen und Parlamentarier untergebracht. Der Namensgeber, Jakob Kaiser, war vor dem Krieg Reichstagsmitglied für die Zentrumspartei und einer der Führer der christlichen Gewerkschaften. 1949 wurde er Mitglied des Bundestages für die CDU und Minister für Gesamtdeutsche Fragen.

1884 bis 1894, zehn Jahre Bauzeit waren erforderlich, um das Reichstagsgebäude nach Plänen des Baumeisters Paul Wallot fertigzustellen. Es lag aber nicht an den Handwerkern, sie lagen im Plan, sondern alle nur denkbaren Querelen führten zu immer neuen Bauzeitverlängerungen. Der größte Fehler war, die Bauplanung zu veröffentlichen, bevor man die notwendigen Grundstücke erworben hatte. So schlug wieder einmal die Stunde der Spekulanten, die genau wussten, dass es ohne ihre Grundstücke keinen Reichstag an dieser Stelle geben würde. Bis dahin brachliegende Flächen, genutzt als Lagerplätze im Schatten der Akzisemauer, waren auf einmal ein Vermögen wert.

Da gab es Richard Sommer, den Sohn eines Zimmermanns, der im «Palais Sommer» am Pariser Platz, direkt neben dem Brandenburger Tor, aufwuchs und der von seinem Vater einige Grundstücke, die nun benötigt wurden, geerbt hatte. Er weigerte sich beharrlich, diese herzugeben und kassierte letztlich Unsummen. Von dem so leicht erworbenen Geld kaufte er sich ein riesiges Grundstück im Schwanter Forst unweit von Oranienburg und ließ sich wie zum Hohn ein Schloss bauen, das aussieht wie der Berliner Reichstag, auch wenn ihm heute die stattliche Kuppel fehlt.

Nach dem die Grundstücksfrage geklärt war, gab es einen umfangreichen Architektenwettbewerb, dessen Gewinnerentwürfe später überhaupt nicht berücksichtigt wurden. 1894 war der Bau endlich fertig und sofort wurde, wie in Berlin üblich, von allen Seiten gemeckert. Der spätere Stadtbaurat Ludwig Hoffmann bezeichnete den Reichstag als «Leichenwagen 1. Klasse», und sein Nachfolger im Amt, der avantgardistische Martin Wagner, schlug allen Ernstes vor, diesen «Brutalbau» abzureißen und durch einen Neubau zu ersetzen.

Im Januar 1933 übernahmen die Nazis die Macht im Land und im Februar stand die «Quasselbude», wie Hitler den Bau bezeichnete, in Flammen. Ob der als Brandstifter hingerichtete Marinus van der Lubbe aus eigenem Antrieb die Brandstiftung durchführte oder womöglich von den Nazis dazu angestiftet wurde, ist bis heute nicht eindeutig geklärt. Kriegsbomben zerstörten später den zuvor ausgebrannten Reichstag. Erst 1957 wurde mit der teilweisen Wiederherstellung des Reichstagsgebäudes begonnen. 13 Jahre, bis 1970, zogen sich die Bauarbeiten hin, aber man hatte es auch nicht eilig, da der Sitz der Regierung in Bonn war und somit dem Gebäude die eigentliche Funktion fehlte. So wurde der Bau in dieser Zeit hauptsächlich für die Dauerausstellung «Fragen an die Deutsche Geschichte» genutzt. Für die große Grünfläche vor dem Reichstag hatten die Bürger selbst eine sinnvolle Nutzung gefunden, sie war beliebter Treffpunkt für Hobby-Fußballer.

Mit dem Fall der Mauer und der folgenden Wiedervereinigung rückte der Reichstag wieder in das Bewusstsein der Deutschen. Nach der Entscheidung für Berlin als Sitz der Regierung wurde auch entschieden, dass der Bundestag in das Reichstagsgebäude einziehen wird. Hatte der Verhüllungskünstler Christo seit 1971 vergeblich versucht, von wechselnden Bundestagspräsidenten die Genehmigung für die Verhüllung des Reichstags zu erhalten, so gelang es ihm und seiner Frau Jeanne Claude nach 24 Jahren endlich, seinen Plan zu verwirklichen. Die Verhüllung dieses geschichtsträchtigen Baus im Jahr 1995 wurde ein Ereignis, das einige Millionen Besucher hierher lockte. Nach der Enthüllung begann der Umbau des historischen Gebäudes zum Deutschen Bundestag. Nach langer kuppelloser Zeit erhielt der Bau nun auch wieder eine stattliche Kuppel, nach Entwurf des britischen Architekten

Reichstag mit Kuppel, im Hintergrund der Turm mit dem Carillon und das Dach der Kongresshalle

Sir Norman Foster. Billig war sie nicht, aber sie ist seit der Eröffnung ein wahrer Publikumsmagnet, der die Besucher förmlich anzieht und die sich auch durch lange Warteschlangen und strenge Sicherheitskontrollen nicht abhalten lassen.

Durch die Glasscheiben des nördlichen Seiteneingangs ist ein senkrecht angeordnetes Leuchtschriftband zu sehen. Es handelt sich um ein Werk der amerikanischen Installationskünstlerin Jenny Holzer. «Am Anfang war das Wort – Ohne offene politische Rede kein Parlamentarismus». Darauf will die Künstlerin mit ihren digitalen Leuchtschriftbändern hinweisen.

Reden von Reichstags- und Bundestagsabgeordneten aus der Zeit von 1871 bis 1992, die von unten nach oben ablaufen, dokumentieren so die Historie der parlamentarischen Rede in Deutschland. Zwischenrufe werden durch wiederholtes Aufblinken kenntlich gemacht. Die Reden wurden von der Künstlerin ausgewählt und zu Themenblöcken zusammengestellt. 442 Reden hat Jenny Holzer bisher aneinandergereiht, die etwa zwanzig Tage ununterbrochen ohne Wiederholung ablaufen können. Weitere Reden sollen noch dazukommen. Besonders beeindruckend wirkt die Stele in den Abendstunden, wenn ihre Außenbegrenzung in der Dunkelheit nicht mehr sichtbar ist und nur die aufleuchtenden Worte der Reden das Gebäude zu tragen scheinen.

Das Marie-Elisabeth-Lüders-Haus ist Bestandteil des sogenannten «Band des Bundes», das 1993 aus einem städtebaulichen Ideenwettbewerb hervorging. Es war das größte Neubauprojekt für Parlament und Regierung in Berlin. Dieses mehrfach unterbrochene Gebäudeband bildet eine symbolische Klammer zwischen dem einstigen Ost- und West-Berlin. Von Osten aus betrachtet, beginnt das Band mit dem nach der ehemaligen Reichstagsabgeordneten und Vorkämpferin für die Frauenrechte benannten Gebäude. In der Rotunde an der Uferseite befindet sich die Parlamentsbibliothek, deren Bestände zu den größten der Welt gehören. Neben dem Parlamentsarchiv und anderen wissenschaftlichen Diensten sind zahlreiche Büros und der zentrale Anhörungssaal untergebracht. Einige schlichte Kreuze nah der Spree erinnern an Menschen, die an der Berliner Mauer, beim Fluchtversuch aus der DDR, getötet wurden.

Über die Spree hinweg ist das Marie-Elisabeth-Lüders-Haus mit dem Paul-Löbe-Haus verbunden. Besonders eindrucksvoll wirkt das Gebäude in den Abendstunden, wenn die Innenräume erleuchtet sind. Dann ist es von der Spree aus möglich, durch den gesamten Mitteltrakt hindurchblicken und in der Sichtachse ist der Eingangsbereich des Bundeskanzleramtes zu sehen. Für das nach dem sozialdemokratischen Politiker und letzten demokratischen Reichstagspräsidenten benannte Haus wählte der Architekt Stephan Braunfels, der auch das Marie-Elisabeth-Lüders Haus entworfen hat, eine kammartige Struktur. Diese Struktur ist nur von der Seite zu erkennen. Man muss sich dabei einen Kamm vorstellen, der zu beiden Seiten Zinken besitzt. In der Mitte des Gebäudes eine durchgehende Halle, von der über Flure und Treppenhäuser die rund eintausend Abgeordnetenbüros zu erreichen sind. Sie befinden sich in den Kamm-Zinken. Die Bürofenster weisen auf gärtnerisch gestaltete Innenhöfe, die nach außen offen sind. In der Tiefe dieser Höfe, entlang der Hauptachse, befinden sich zahlreiche Ausschuss- und Sitzungssäle.

Der elegante Neubau der Kronprinzenbrücke ersetzt einen Vorgängerbau aus dem 18. Jahrhundert, die Unterbaumbrücke. Sie war einmal als Zollbrücke an der Stadtgrenze das Gegenstück zur Oberbaumbrücke. Die alte Brücke wurde 1972 wegen ihrer Lage im Grenzbereich abgebrochen. Die neue Brücke hingegen war einer der ersten Brückenschläge nach der Wende und wurde dadurch zum Symbol für das Zusammenwachsen der ehemals geteilten Stadt. In der Nachbarschaft zur Brücke befinden sich die futuristisch anmutende Kindertagesstätte für die Kinder der Bundestagsmitarbeiter sowie der im Sommer sehr beliebte Bundespressestrand.

Unmittelbar hinter der Unterbaumstraße, am damaligen Karlsufer, stand das Lessing Theater. Hier hatten 1889 die Freunde eines neuen Theaters, zur

Die Spree mit Paul-Löbe-Haus (links) und Marie-Elisabeth-Lüders-Haus (rechts)

Umgehung der preußischen Zensur, die Freie Bühne als Verein gegründet. Zu den Gründern gehörten die Brüder Hart, Maximilian Harden und Otto Brahm. Hatte Theodor Fontane bis 1889 als Kritiker für die Vossische Zeitung aus dem Schauspielhaus am Gendarmenmarkt berichtet, wechselte er nun ans Lessingtheater, wo ein ungemein frischer Wind über die Bühne wehte.

Fontane sollte am 20. Oktober 1889 für seine Zeitung über eine mit Spannung erwartete Uraufführung berichten. Schon einige Tage zuvor hatte er seiner, auf dem Lande weilenden, Tochter Mete einen Brief geschrieben, in dem es hieß: «Schon gestern Abend wollte ich Dir einen kleinen Brief stiften, kam aber nicht dazu, weil ich anderweitig eine große Korrespondenz hatte; darunter ein Brief von einem Herren Gerhart Hauptmann, der ein fabelhaftes Stück geschrieben hat: ‹Vor Sonnenaufgang›, soziales Drama, 5 Akte. Ich war ganz benommen davon. Mama natürlich wieder Angst, ich ginge zu weit, ich engagierte mich ungebührlich.(...) Dieser Hauptmann, ein wirklicher Hauptmann der schwarzen Realistenbande, welche letztere wirklich was von den Schiller'schen Räubern hat und auch dafür angesehen wird.»

Fontane saß gespannt im Parkett, als das Stück des «Hitzkopfes» zur Aufführung kam. Gerhart Hauptmann sorgte an diesem Abend mit seinem Drama für öffentlichen Tumult und eine Theaterdebatte nie gekannten Ausmaßes. Die Meinungen des Theaterpublikums zum Stück waren geteilt. Viele fragten sich, wie soviel Schmutz und Anklage überhaupt auf eine deutsche Bühne kommen kann, andere wollten wissen, warum solch realistische Szenen erst jetzt auf die Bühne kommen. Der Skandal bei der Premiere erreichte seinen Höhepunkt im zweiten Akt, als eine Frau auf der Bühne Geburtswehen bekommt. Der Arzt und Journalist Isidor Kastan, offenbar gut vorbereitet, warf eine Gebärzange auf die Bühne. «Der Tumult, der daraufhin losging – man ging Kastan zu Leibe –, konnte nur mit Mühe gedämpft werden, ehe es zu einer allgemeinen Schlägerei kam. Die größte Sensation des Abends war, als zum Schluss des Stückes der Autor, umtost von Pfeifen, Johlen und tosendem Beifall die Bühne betrat. Man hatte erwartet, einen breiten, struppigen Kerl im Jägerhemd zu sehen, aber statt dessen verbeugte sich ein schlanker, bleicher, schöner Jüngling, in einen modischen Gehrock gekleidet, der sein blondes Haupt mit graziösem Anstand neigte.» Fontane schrieb eine große enthusiastische Kritik, und als er zum Schluss auf den Dichter vor dem Vorhang zu sprechen kam, sagte er, die Erscheinung des jungen Herrn habe ihn an das Wort eines berühmten Gerichtsmediziners erinnert: «Meine Mörder sahen alle aus wie junge Mädchen!»

Die Charité bestimmt mit ihren vielen kleineren und größeren Backsteingebäuden das Erscheinungsbild rechts der Spree, hinter den Bahnviadukten. Sie ist das älteste und traditionsreichste Krankenhaus Berlins und gleichzeitig auch die älteste medizinische Bildungseinrichtung Deutschlands. Die Tradition reicht zurück bis ins Jahr 1710 und beginnt mit der Gründung als Pesthaus vor der Stadtmauer am Spandauer Tor. 16 Jahre später wurde das Haus als Garnisons- und Bürgerlazarett zu einer preußischen Lehr- und Forschungsstätte sowie Übungsschule für angehende Ärzte und Wundärzte. Der Soldatenkönig Friedrich Wilhelm I. wählte persönlich den Namen Charité aus, der Liebeswerk oder Mildtätigkeit bedeutet.

Mit der Gründung der Friedrich-Wilhelms-Universität, begann die Blütezeit der Charité. Aus dieser Zeit sind nur wenige Gebäude erhalten. Die meisten der im Stil der Neogotik errichteten roten Ziegelbauten mit Schaugiebeln, Türmchen und Loggien-Arkaden entstanden zwischen 1894 und 1917.

Zu den vielen berühmten Ärzten, die hier wirkten, gehören u.a. der Psychiater Wilhelm Griesinger, der Physiologe Johannes Müller, die Chirurgen Adolf Bardeleben, Johann Friedrich Dieffenbach und Ferdinand Sauerbruch, die Kinderärzte Otto Heubner und Adalbert Czernig, die Internisten Ernst v. Leyden, Johann Lucas Schönlein und Ludwig Traube und der Pathologe Rudolf Virchow.

1832 wurde das Leichenschauhaus der Charité eröffnet. In der Festschrift hieß es dazu: «... gegründet zur Aufbewahrung u. Ausstellung Verunglückter u. Selbstmörder, behufs Feststellung ihrer Persönlichkeit und zum Zwecke der gerichtlichen Untersuchung.» Egon Erwin Kisch schrieb in den zwanziger Jahren in Berlin eine ganze Reihe von Reportagen, darunter auch eine über das Leichenschauhaus in der Hannoverschen Straße 6, wo der Name sehr wörtliche Bedeutung hatte: «Hinter den Schaufenstern der Publikumshalle liegen auf schrägen Brettern mit ihren Kleidern bedeckt die Namenlosen. Wasserleichen, violett und furchtbar aufgeschwemmt, mit Zetteln, ‹am Schleusenufer geborgen›, ‹im Nordhafen aus dem Wasser gezogen›. (...) Sind Tote hier in den Schaukästen, dann fehlt es ihnen auch an lebenden Besuchern nicht. Die Tafel ‹Leichenschauhaus geöffnet› ist eine Einladung. Kutscher steigen ab, ihr Gefährt auf der Straße stehen lassend, Schulkinder versuchen einzudringen, aus den Geschäften und Häusern holt der Nachbar den Nachbarn zur unentgeltlichen Schaustellung; Habitues und Passanten treiben sich in der Halle umher, die in ihrer langgestreckten Form, mit dem Glasdach und der metallenen Geländerstange wie der Raubtierpavillon des zoologischen Gartens aussieht; die Lebenden apostrophieren die Toten in den gläsernen Käfigen mit berlinisch-zynischen Bemerkungen: ‹Mensch, du hast dir janz dufte ausjebadet!› – ‹Nu werde ick sechs Wochen lang keen Wasser trinken könn!› (...) Nach drei Wochen dieses Verkehrs der unbekannten Toten mit den Lebenden holt man die Leichen aus ihren Glashäusern, wo ein Ventilatoren- und Röhrensystem sie mit eisiger ammoniakkomprimierter Luft frisch erhalten hat, sperrt sie in einen magistratlich beigestellten Sarg, genannt ‹Nasenquetscher›, und begräbt sie.»

Wer nach Kischs Beschreibung erstaunt ist, dass es so etwas noch in den zwanziger Jahren gegeben hat, dem sei gesagt, dass bis 1938 die öffentliche Ausstellung nicht identifizierter Leichen in der geschilderten Form üblich war. Wer sich heute noch gruseln möchte, der kann in der Charité (Zugang von der Schumannstraße 20/21) die von Rudolf Virchow begründete pathologische Sammlung besuchen. In zahlreichen Schaukästen sind das Innere des Menschen, seine Krankheiten und Missbildungen hinter Glas ausgestellt. Ob Raucherlunge, riesige Gallensteine, ein Schädel mit tiefer Säbelscharte oder die Schädeldecke eines jungen Soldaten, die 1864, im Deutsch-Dänischen Krieg, von einer Kugel durchschlagen wurde. Der Soldat überlebte übrigens die rettende Operation um drei Jahre, verstarb dann aber an den Spätfolgen. Auch sein Schädel kam dann in die Sammlung.

1856 übernahm Virchow den neugegründeten Lehrstuhl für Pathologische Anatomie und Allgemeine Pathologie der Berliner Universität. Auf sein Drängen entstand ein eigenes Institut an der Charité, das Weltruhm erlangte. Zu dieser Zeit begann er mit dem Aufbau eines Pathologischen Museums, und innerhalb kürzester Zeit kamen einige tausend Präparate zusammen.

Der Hauptbahnhof, rechts die Einfahrt in den Humboldthafen

Einige Jahre sollte es noch dauern, dann entstand ein dreiflügliger Museums-Neubau – Rudolf Virchows Lebenswerk. Der Zweite Weltkrieg beschädigt das Museum stark und zerstörte große Teile seiner Sammlung. Seit einigen Jahren wird am Aufbau eines neuen Museums gearbeitet, das nach seiner Fertigstellung dreihundert Jahre Berliner Medizingeschichte erzählen wird.

Ein Teil der Charité-Gebäude wurde im Zweiten Weltkrieg vollständig zerstört, andere in den achtziger und neunziger Jahren rekonstruiert. Neu entstand ein 21geschossiges Bettenhochhaus für die operativen Fächer mit 26 Operationssälen, intensivmedizinischen Bereichen sowie dem Lehrtrakt.

Zwischen Charité und Hauptbahnhof befindet sich die schmale Einfahrt in den Humboldthafen und gleichzeitig die Durchfahrt zum Berlin-Spandauer Schiffahrtskanal. Kanal und Hafen entstanden zwischen 1847 und 1859. Bei der Anlage des Kanals wurden einige schon damals bestehende, natürliche und künstliche Wasserläufe genutzt. Der Humboldthafen war bis zum Bau des Westhafens 1923 der wichtigste Stadthafen Berlins. Nur hier konnten Schiffe mit mehr als fünfhundert Tonnen Ladung gelöscht werden. Nach Fertigstellung des Westhafens verlor er mehr und mehr an Bedeutung und jahrzehntelang wirkte er trostlos, wie ein Friedhof für ausgediente Frachtkähne. Seit der Fertigstellung des neuen Hauptbahnhofs ist der Hafen von den Stadtplanern neu entdeckt worden. Lastkähne werden hier in Zukunft nicht mehr festmachen, aber das Wasserbecken wird sich zum Herzstück einer neuen Bebauung des Bahnhofsumfeldes entwickeln.

Kaum vorstellbar, dass dort, wo sich heute das alte Hafenbecken befindet, einmal Wein angebaut wurde. Es erhob sich an der Stelle der königliche

Lehrter Bahnhof mit Einfahrt zum Humboldthafen, 1880. Fotograf: F. Albert Schwartz

Weinberg der Familie Menardie. Sie waren zugewanderte Hugenotten, denen Friedrich der Große erlaubte, neben dem Weinberg auch ein Restaurant zu betreiben. Dem Hafen- und Kanalbau stand der Weinberg im Wege, so dass er kurzerhand komplett abgetragen wurde. Das Erdreich wurde anschließend genutzt, um östlich gelegene Spreesümpfe trockenzulegen.

«Der prächtigste Berliner Bahnhof, das Schloss unter den Bahnhöfen, war der Lehrter Bahnhof». Diesen Satz von Ulrich Eckhardt könnte man auch auf den heutigen, zur Fußballweltmeisterschaft 2006 eingeweihten neuen Hauptbahnhof übertragen. Allerdings hat Eckhardt den Lehrter Stadtbahnhof, der dem Hauptbahnhof mitsamt seinem Namen weichen musste, gar nicht gemeint. Sein Lob bezog sich auf den 1871 fertiggestellten Lehrter Fernbahnhof, der auch Vorbild für den Bau des Budapester Ostbahnhofs war. Die stattliche Bahnhofshalle stand zwischen dem einstigen Stadtbahnhof und dem heutigen Washington Platz, nah der Spree. Hier kamen vor dem Krieg die Reisenden an, die über Hannover und Braunschweig nach Berlin fuhren. Existiert der ihm nachempfundene Budapester Bahnhof nach wie vor, wurde sein Berliner Vorbild 1959 abgerissen, ebenso wie viele andere großartige Bahnhöfe (Anhalter, Görlitzer), die ihre Funktion wegen der Teilung der Stadt und Deutschlands verloren hatten.

Auch wenn einige Berliner sich nur schwer daran gewöhnen können, dass seit Einweihung des neuen Hauptbahnhofs auf dem Bahnhof Zoo keine Fernzüge mehr halten, ist der neue Bahnhof seit seiner Inbetriebnahme ein Publikumsmagnet. Mit dem Neubau ist ein innerstädtischer, moderner Kreuzungsbahnhof im europäischen Schnellbahnnetz entstanden. Die

Kanzleramt und Moltkebrücke

Nord-Süd-Fernverbindung unterquert in einem Tunnel den Tiergarten und die Spree, oben fahren die Züge von West nach Ost. Einziger Wermutstropfen bei dem neuen Bahnhof ist, dass sich die Bahn beim Glasdach nicht an den Entwurf des Architekten von Gerkan gehalten hat. Um rechtzeitig zur Fußballweltmeisterschaft fertig zu sein, wurde die Dachkonstruktion kürzer als geplant ausgeführt, was der Proportion des Baus nicht gut tut.

Die Moltkebrücke spielt in der Geschichte des Zweiten Weltkrieges eine entscheidende Rolle. In der Nacht vom 28. zum 29. April 1945 stießen von hier aus die sowjetischen Truppen zur Eroberung des Regierungsviertels vor. Generalmajor S. N. Perewjorkin beschreibt das Vorrücken seiner Soldaten: «Nachdem wir den deutschen Widerstand niedergekämpft hatten und den Bezirk Moabit vollständig in Händen hielten, erreichte unser Korps die Spree, die kaum 500 Meter vom Reichstagsgebäude entfernt ist. Hier erhielten wir einen neuen Befehl: ‹Das Korps forciert die Spree, besetzt das Reichstagsgebäude, hisst dort die Fahne des Sieges und vereinigt sich mit unseren aus südlicher Richtung vorgehenden Truppen ...›. Das erste schwere Hindernis war die Spree mit ihren hohen, betonierten Uferwänden. Als einzige Übergangsmöglichkeit bot sich die halbzerstörte und mit Barrikaden versehene Brücke Alt-Moabit. Die Deutschen hielten alle Zugänge zu dieser Brücke unter ständigem Feuer. Auf der anderen Seite stand das Gebäude des Innenministeriums, das unsere Soldaten das ‹Haus Himmlers› nannten. Das ganze Gebiet wurde von SS-Truppen gehalten. Am 28. April erhielten

Kanzleramt mit Brücke zu dem Kanzlergarten

diese sogar Verstärkung: auf dem Luftweg wurde in der Nacht ein ganzes Bataillon Marinesoldaten aus Rostock hierher verlegt. Die von mir persönlich verhörten Gefangenen sagten dazu noch aus, dass Hitler selbst den Verteidigungsbereich Reichstagsgebäude inspiziert und den Befehl erteilt habe, ‹bis zum letzten Mann› auszuhalten. Ein schwerer Kampf stand uns bevor. In der Nacht vom 28. auf den 29. April unternahmen die Truppen von Oberst Negod und General Satilow den ersten Versuch, die Brücke zu überqueren. Die Pioniere halfen ihnen, den Weg freizukämpfen. Nach blutigen Kämpfen gelang es, am anderen Ufer Fuß zu fassen.»

Hinter der Moltkebrücke fließt die Spree direkt am Bundeskanzleramt vorbei. Mit dem Bau der Architekten Axel Schultes und Charlotte Frank, genauer gesagt mit dem sich anschließenden Kanzlergarten, endet das «Band des Bundes». Der Garten, auf der anderen Spreeseite, dem Moabiter Werder gelegen, ist nur über eine kleine Brücke erreichbar. Vom ersten Spatenstich bis zur feierlichen Einweihung des Bundeskanzleramtes vergingen vier Jahre, dann konnte Gerhard Schröder als erster Bundeskanzler in Berlin sein neues Domizil beziehen.

In den Büros des Kanzleramtes arbeiten rund 460 Staatsdiener und Staatsdienerinnen. Die eigentliche «Zentrale der Macht» befindet sich in dem 36 Meter hohen Kubus, der die Verwaltungsgebäude überragt. In der obersten achten Etage gibt es einen kleinen privaten Bereich für den Bundeskanzler, wenn er oder sie aus Zeitgründen im Kanzleramt übernachten möchte. Zwischen dem fünften und siebten Obergeschoss befinden sich neben den Büros der Kanzlerin oder des Kanzlers und der engsten Mitarbeiter, ein großer und ein kleiner Kabinettsaal sowie ein in der Größe variabler Bankettsaal. Darunter, in der vierten Etage, sind die absolut abhörsicheren Räume für das Lagezentrum und den Krisenstab. Die zweite und dritte Etage beherbergt neben der Küche zahlreiche Technikräume, während im ersten Obergeschoss sich der große Internationale Konferenzsaal sowie der Raum für die Pressekonferenzen befindet.

Unter König Friedrich I. erhielten 1745 zwei Hugenotten die Genehmigung, an der Spree zwischen dem heutigen Bundeskanzleramt und dem Haus der Kulturen der Welt, zwei einfache Zelte zum Verkauf von Erfrischungen aufzustellen. Aus den Leinwandzelten wurden erst Holzhütten, dann Massivbauten und ab 1880 wurden es zum Teil sogar prachtvolle Vergnügungsstätten. Jules Huret, ein französischer Journalist und Reiseschriftsteller, besuchte 1906 Berlin. Seine deutschen Eindrücke veröffentlichte er in Form von Reisebriefen im Pariser «Figaro». Aus der Sicht eines weltmännischen und weitgereisten Franzosen vermittelt Huret ein anschauliches Bild Berlins und seiner Bewohner. Lassen wir ihn den Ort des Vergnügens, am Ufer der Spree, beschreiben: «Im Tiergarten, am Ufer der Spree, gibt es einen Winkel, wo abends Tausende von elektrischen Lampen aufflammen und die Luft von Orchestermusik widerhallt. ‹Die Zelte› heißt er. Etwa zehn offene Bierhallen, die dicht nebeneinander den schmalen Fluß einsäumen, mengen in einen wahren Jahrmarkts-Tohuwabohu das Gefiedel ihrer Militär- und Zigeunerkapellen zusammen. Im Innern erheben sich Estraden, wo Sänger und Sängerinnen ihr Repertoire absingen, was dem Ganzen den Stempel von Tingeltangels im Genre unserer sommerlichen Alcazars und Ambassadeurs aufdrückt, nur daß sie volkstümlicher sind. An 10.000 Personen verbringen hier ihre Sommerabende. Ich habe Lieder gehört, die wie z. B. das:

‹Ah! Ah!
Das macht stets Vergnügen ...›

nach französischem Muster für deutsche Ohren zurechtgestutzt wurden. Aber das ah! Ah! Hat lange nicht den schelmischen übermütigen Ton, den unsere Chanteusen ihm zu geben wissen.

Im ersten Stock liegen die Ballsäle, wo manchmal den ganzen Abend getanzt wird. Die Musik spielt dreimal am Tage, von 7 Uhr morgens an. Dieses Vormittagskonzert ist für alte Rentiers bestimmt, die aus hygienischen Gründen frühzeitig ausgehen und hier ihr Frühstück einnehmen.»

Der Berliner vergnügte sich aber nicht nur an Land, sondern auch auf dem Wasser. Von romantischen Gondelfahrten um 1840 berichtet Bogdan

Krieger: «Unterhalb des Zeltes 1 (heute Kanzleramt), wo es jetzt von kleinen Booten wimmelt, lagen etwa ein halbes Dutzend Gondeln. Sie fassten 20 bis 30 Menschen, waren mit Brettern überdacht und an der Spitze mit einem in Holz geschnitzten, bemalten Kopf geziert. An Sonn- und Montagen lockte ein in der Nähe des Steuerruders sitzender Drehorgelspieler so lange, bis der Kahn mit Fahrgästen überfüllt war. Dann stiegen zwei Mann auf das Dach und stießen die Gondeln bis an die Moabiter Brücke. Worin eigentlich das Vergnügen bestand, ist nicht ganz klar; es kostete aber auch nur einen Silbergroschen.» Seit dieser Zeit hat sich ein Begriff in den Berliner Sprachschatz gemogelt. Hätten Sie gedacht, wenn Sie sagen: «Ich bin stundenlang in der Gegend herumgegondelt», daß der Ursprung die Gondeln auf der Spree waren?

Nach Kriegsende waren von den Zelten nur Trümmer zurückgeblieben, die 1954 beseitigt wurden. Nun entstand an der Stelle, wo einst das Vergnügen seinen Platz hatte, in dreijähriger Bauzeit ein Bauwerk, das weit über die Grenzen der Stadt unter dem Spitznamen «Schwangere Auster» bekannt wurde. Die Kongresshalle entstand im Rahmen der Internationalen Bauausstellung 1957. Der kühne Entwurf, mit dem markanten, geschwungenen Betondach, stammt von dem amerikanischen Architekten Hugh Stubbins. Bei der feierlichen Einweihung wurde dem Architekten eine Marzipantorte in Form seines Baus als Geschenk überreicht. Die Übergabe verlief aber nicht ganz reibungslos, da die Torte beinahe vom Teller gerutscht wäre. Der Sturz konnte zwar noch im letzten Moment verhindert werden, aber die Marzipantorte überstand die schwungvolle Übergabe nicht unbeschadet, ein Teil der Dachkonstruktion war abgebrochen – kein gutes Omen. Und tatsächlich, am 21. Mai 1980 wiederholte sich das Unglück am Original, als tonnenschwere Betonbrocken der Dachkonstruktion abbrachen und die Empore sowie die Freitreppe durchschlugen. Das Unglück forderte einen Toten und fünf Verletzte. Baufachleute stellten fest, dass Korrosionsschäden an der Spannkonstruktion die Ursache des Unglücks waren.

Zu diesem Zeitpunkt verfügte Berlin längst über ein größeres, moderneres Kongresszentrum und benötigte die Halle zu diesem Zweck eigentlich nicht mehr. Nachdem klar war, wie hoch die Wiederinstandsetzungskosten sein würden, dachten einige Stadtpolitiker schon an einen Abbruch des Gebäudes, gerieten dabei aber in einen Gewissenskonflikt. Zum einen war die Halle bei den Berlinern äußerst beliebt und zum anderen, was die Entscheidung noch problematischer machte, sie war ein Geschenk. Fünfzig Prozent der Baukosten hatte 1957 die amerikanische Benjamin-Franklin-Stiftung als Geschenk an West-Berlin übernommen. Da man in keinem Fall die Amerikaner brüskieren wollte, entschlossen sich die Stadtpolitiker nach langen Diskussionen letztlich für eine Wiederherstellung der Halle. Bis zur Fertigstellung hatte man sich auch für eine sinnvolle, zukünftige Nutzung entschieden. So wurde aus der einstigen Kongresshalle das Haus der Kulturen der Welt, ein wunderbarer Ausstellungs- und Veranstaltungsort, der die Kultur der anderen Kontinente nicht nur den Berlinern näher bringt.

Vor dem Haupteingang, neben der Freitreppe, die nach oben zur Terrasse führt, steht mitten im Wasserbecken ein wahres Schwergewicht. Die zehn Tonnen schwere Bronzeskulptur des 1986 verstorbenen Bildhauers Henry Moore mit dem Namen «Butterfly». Moore fühlte sich mit der Stadt sehr verbunden, da er einen großen Teil seiner Skulpturen in der Berliner Bronzegießerei Noack gießen ließ. Der Standort im flachen Wasserbecken ist ideal, da es durch die Spiegelung so ausschaut, als ob der schwere Schmetterling über dem Wasser schwebt.

Neben dem Haus der Kulturen steht, von Bäumen etwas verdeckt, ein mit schwarzen Granitplatten verkleideter Turm. In seinem Inneren befindet sich ein Carillon oder Glockenspiel, das die Firma Daimler Benz 1987 der Stadt zu ihrem 750. Geburtstag spendiert hat. Ein wirklich stattliches Geschenk, aber ein Hinweis sei in diesem Zusammenhang doch gestattet – Vorsicht bei Geschenken! Es stellte sich nämlich heraus, dass die schwäbischen Automobilbauer nur das Glockenspiel schenkten. Für den Bau des Turmes war letztlich die Stadt Berlin allein zuständig, und der war erheblich teurer!

Im Turm befinden sich 68 Glocken, von denen die kleinste neun Kilogramm und die größte 7,7 Tonnen wiegt. Der Carilloneur sitzt oben im Turm, wo er eine klavierähnliche Tastatur mit seinen Fäusten bespielt. Der Berliner «Herr der Glocken» ist seit 1987 Jeffrey Bossin, der von Mai bis September immer Sonntags um 14 Uhr die Glocken zum Klingen bringt.

Nach zweijähriger Bauzeit wurde 1999 die «Schlange» auf dem Moabiter Werder fertiggestellt. Würde man die in Windungen errichtete Wohnanlage «auseinanderziehen», wäre sie stattliche 320 Meter lang. Im Inneren befinden sich 718 Wohnungen für Bundesbedienstete, die mit dem Regierungssitz von Bonn nach Berlin umgezogen sind. Bevor der Bau in unmittelbarer Nähe der Regierungsbauten entstand, stand hier seit 1886 der Packhof. Er ersetzte die alte Anlage, die nah dem Lustgarten dem Bau der Alten Nationalgalerie weichen musste. Von großem Vorteil war in Moabit zum einen der Anschluss an das Bahnnetz, und außerdem diente der neue Packhof nicht nur der Zollrevision, hier konnten auch gegen Gebühren, ähnlich wie in einem Freihafen, Waren zollfrei gelagert werden. Damit ausreichend Schiffe festmachen konnten, gab es eine fünfhundert Meter lange Ufermauer, die im Zweiten Weltkrieg weitgehend zerstört und in den fünfziger Jahren, beim Bau der Kongresshalle, abgerissen wurde.

Hinter der Lutherbrücke ist am linken Ufer Schloss Bellevue zu sehen, das 1785 als Sommersitz von dem jüngsten Bruder Friedrichs des Großen, Prinz August Ferdinand, bezogen wurde. 1928 kam es in staatlichen Besitz und diente zwischen 1935 und 1938 als Gästehaus des Deutschen Reiches. Heute empfängt der Bundespräsident in dem repräsentativen Bau seine Gäste.

Nah der heutigen Moabiter Brücke, am Rand des Schlossparks, entstand 1831 die erste Berliner Flussbadeanstalt für Frauen. Im darauffolgenden Jahr warb die Betreiberin der Badeanstalt, Amalie Lutze, in der Spenerschen Zeitung: «Den hochverehrten Damen zeige ich hiermit ganz ergebenst an, daß meine (...) Fluß-Badeanstalt für Damen auch für diesen Sommer bereits geöffnet ist». Zu den häufigen Besucherinnen gehörte die Komponistin Fanny Hensel, die ihrem Bruder Felix Mendelssohn Bartholdy in einem Brief berichtete: «Mein größtes Vergnügen ist jetzt alle Tage in der Spree zu baden, wozu nah bei Moabit eine sehr hübsche, von einer Hallerin geleitete Anstalt ist, in der auch Schwimmen gelehrt wird. Hier sieht man eine große Anzahl zum Theil recht hübsche Berlinerinnen als vollkommene Najaden mit nassen Haaren plätschern, was sich oft allerliebst ausnimmt».

Auch die 1838 in Berlin geborene Agathe Nalli-Rutenberg erinnert sich in ihrem Buch «Das alte Berlin» an ihr persönliches Badevergnügen: «Es gab damals wohl reichlich Badeanstalten in Berlin, denn die Berliner waren von jeher große Freunde des kalten Wassers – aber jene Anstalten waren meist etwas entfernt von der Stadt. Da war z. B. im Garten vom Schlosse Bellevue bei Moabit das schöne Wellenbad, das sich im Besitze einer Frau Landgraf befand. Dorthin wanderten die Berliner fleißig zur heißen Sommerszeit, den angenehmen Spaziergang durch den schattigen Tiergarten benutzend. (...) Fahrgelegenheiten gab es nicht dort hinaus, höchstens hätte man eine Droschke nehmen müssen, was ja das Baden gleich wieder verteuert hätte.»

Moabit verdankt seine Gründung Friedrich Wilhelm I. und den französischen Flüchtlingen protestantischen Glaubens, die der König 1716 ins Land holte. Das war nicht nur großherzig gedacht, denn Preußen brauchte dringend Zuwanderung, nicht nur an Handwerkern. Der König wollte den Seidenanbau verstärken, da Seide ein hervorragender Devisenbringer war. So wurde den Flüchtlingen Land für eine Siedlung zwischen dem Spandauer Heerweg (Straße Alt-Moabit) und der Spree zu Verfügung gestellt. Außerdem erhielten die Siedler zehn Jahre Steuerfreiheit. Im Gegenzug musste sich jeder Siedler verpflichten, 250 Maulbeerbäume zur Zucht von Seidenraupen auf seine Kosten anzupflanzen.

Der sandige Boden, nah der Spree, erwies sich für Maulbeerbäume als ungeeignet. Keine der 23 Siedlerfamilien hatte Erfolg mit der Züchtung, was dazu führte, das sie sich immer mehr verschuldeten und letztlich ihr Land verkaufen mussten. Erfolgreicher war ein Franzose namens Martin, der eine Schankwirtschaft mit Namen «Martinicken» eröffnete. Sie war so beliebt, dass der Volksmund bald den ganzen westlichen Teil Moabits, zwischen Hansabrücke und Gotzkowskybrücke und begrenzt durch Spree und Levetzowstraße, als «Martinickenfelde» bezeichnete. Die zugewanderten Franzosen taten auf lange Sicht den Preußen gut. Hier paarten sich Pflichtbewusstsein und Sparsamkeit mit einer leichteren Lebensart, die eine wohltuende Berliner Mischung ergab.

Neben der Moabiter Brücke lockt die Traditions-Konditorei Buchwald mit ihren Baumkuchen, die seit 1852 an der Spree gebacken werden. Hier überbrücken Juristen der nahen Moabiter Gerichte gerne die Zeit zwischen den Verhandlungen.

Von der Brücke aus fällt der Blick auf die rechte Uferseite. In der gläsernen Fassade des U-förmig gebauten Bürozentrums «Spreebogen» spiegelt sich die Nachmittagssonne. Ein großer Teil des Gebäudes wurde vom Bundesinnenministerium angemietet, sehr zur Freude des Vermieters. In kurzen Zeiträumen denkende Politiker, von denen es ja eine stattliche Anzahl gibt, waren damals der Meinung, dass es viel preiswerter sei, die neuen Ministerien und Verwaltungsbauten nicht selbst, auf Kosten des Staates, zu bauen, sondern sie anzumieten. Hier beim Innenministerium glaubte man sich besonders schlau und mietete auf die Dauer von zwanzig Jahren zu einem festen Mietzins, der sich jährlich automatisch erhöht. Kaum war der Bau bezogen, gingen in ganz Berlin die Mieten für Büroräume nach unten oder genauer gesagt, sie stürzten in den Keller, und das für etliche Jahre. Fachleute haben zwischenzeitlich errechnet, dass sich schon nach wenigen Jahren ein eigener Ministeriumsbau unter diesen Bedingungen amortisiert hätte. Nun hat sich die Erkenntnis auch bei den verantwortlichen Politikern durchgesetzt – lange hat es gedauert, und jetzt wird nah der Spree ein eigener neuer Bau für das Innenministerium errichtet.

Carl Bolle, der vielseitige Unternehmer, wäre vermutlich cleverer gewesen als die vermeintlichen Spar-Politiker. Er, der als Maurermeister, Fisch- und Eishändler tätig war, betrieb seit den siebziger Jahren des 19. Jahrhunderts eine Landwirtschaft in der Lützowstraße. Neben den Stallanlagen, also direkt bei der Quelle, eröffnete er 1879 ein Milchzelt mit angeschlossenem Gartenrestaurant, das der Volksmund zur «Kuhdestille» erhob. Da er als Unternehmer stets in größeren Dimensionen dachte, keimte in ihm schnell die Idee, die stark wachsende Stadt Berlin täglich mit frischer Milch zu versorgen. Seine neu gegründete «Provinzial-Meierei C. Bolle» wollte die Milch, ohne Zwischenhandel, direkt an den Verbraucher liefern. So betrieb er an verschiedenen Orten der Stadt mehrere Kuhställe und organisierte mit Pferd und Wagen einen ambulanten Milchhandel. Bald rollten seine Milchwagen überall kreuz und quer durch Berlin. Auf dem Bock der Kutscher und auf dem Rücksitz ein blaublusiger «Bolle-Junge», der die Glocke schwang und die Ankunft des Milchwagens lautstark ankündigte. Getreu seinem Werbeslogan «Urahne, Großmutter, Mutter und Kind von Bolles Spezialitäten begeistert sind», nahm das Unternehmen stetigen Aufstieg. Waren es 1882 bereits fünfzig Milchwagen, stieg ihre Zahl bis 1910 auf über 290. Seine Wagen fuhren nach einem genauen Fahrplan, so dass die Kunden wussten, wann und wo die Milchwagen halten.

1886 kaufte Bolle das 23.000 Quadratmeter große Gelände der ehemaligen Porzellan-Manufaktur Schumann und baute auf dem Spreegrundstück Alt-Moabit 99-103 eine Milchverwertungsfabrik für sein rasant wachsendes Unternehmen. 1904 wurde noch das Nachbargrundstück hinzugekauft. Die Milch stammte zu einem Teil aus seinen eigenen Musterkuhställen oder aus sogenannter «Bahnmilch» aus dem Berliner Umland. Nach der Methode von Louis Pasteur wurde die Milch dann sterilisiert und in plombierte Flaschen und Kannen abgefüllt.

Als Carl Bolle 1910 starb, wurde die Firma zu einer Aktiengesellschaft umgewandelt. Da sich die Erben nicht einigen konnten, verkauften sie das Unternehmen an den Neusser Kaufmann Werhan. Die Bolle-Bauten an der Spree sind heute größtenteils verschwunden. Allerdings, das einstige Bolle-Hauptquartier, aus roten Klinkersteinen nach seinen eigenen Plänen erbaut, steht noch und ist von der Brücke aus gut zu sehen. Auch das «Leutehaus» blieb erhalten, wo einst die unverheirateten Kutscher und Stallburschen gewohnt haben.

Den schnellen wirtschaftlichen Aufstieg in der zweiten Hälfte des 19. Jahrhunderts verdankt Moabit, aber auch die anderen Stadtgebiete an der Spree, dem Ausbau des Wasserstraßennetzes. Der Bau von Häfen, Ladestraßen und Kanälen, führte zu einer Verkürzung der Transportwege. Überall wo Schiffe anlegen konnten, entstand Fabrikation und Industrie. Nah den Wasserwegen wuchsen die Schornsteine schneller als die Bäume in den Himmel. Gleichzeitig gab es einen heute kaum noch vorstellbaren Andrang von Güterschiffen, Oder- und Spreezillen, die alle Wasserstraßen bevölkerten. Stau auf der Spree war keine Seltenheit.

Eine Sensation war die Fahrt des ersten deutschen Dampfschiffes auf der Spree. Es waren zwei Engländer, die am 12. Oktober 1815 das Patent zum Betreiben von Dampfschiffen in ganz Preußen erhielten. John Humphreys und sein Sohn John Barnett Humphreys begannen umgehend mit dem Bau ihres ersten Dampfschiffes auf einem Bauplatz in Pichelsdorf bei Spandau. Das Schiff wurde auf den Namen Prinzessin Charlotte von Preußen getauft. Nach einigen Probefahrten fand am 27. Oktober 1816 die Jungfernfahrt zwischen Spandau und der Pfaueninsel statt. Der Mittelraddampfer war wegen seiner geringen Breite auch für schmale Flüsse mit starken Krümmungen, also für die Spree, geeignet. Schon im Frühsommer des nächsten Jahres fuhr das Schiff im Linienbetrieb von den «Zelten» nach Charlottenburg, Spandau und Potsdam. Ein Augenzeuge berichtete darüber: «Ein ziemlich großes Schiff, ohne Mast und Ruder, kam mit ungeheurer Schnelle dahergefahren. Die Ufer der Spree und die an Land vor Anker liegenden Schiffe waren im Augenblick von der heranströmenden Volksmenge bedeckt. Man versichert, daß das Schiff an einem Tag 25 Kilometer zurücklegen kann ...» Das Zeitalter der Berliner Dampfschiffahrt hatte begonnen.

Auffällig ist das repräsentative Wohnhaus neben der Lessingbrücke, das im Giebel den Namen «Lessinghaus» zeigt. Genau an dieser Stelle befand sich bis 1898 das Borsigsche Eisenwerk, in dem einst einige tausend Lokomotiven hergestellt wurden, bevor Borsig seine Produktion nach Tegel verlagerte, da hier die Werkstätten nicht mehr ausreichten. 1912 entstand dann das Wohnhaus, dessen Name sich auf die 1904 fertiggestellte Lessingbrücke bezieht. Die Pfeileraufbauten der Brücke schmückten vor dem Krieg Bronzereliefs, die Szenen aus verschiedenen Dramen Lessings zeigten. Die Kunstwerke schuf der Bildhauer Otto Lessing, ein Nachkomme des berühmten Schriftstellers. Leider wurden die Reliefs während des Zweiten Weltkrieges zu Rüstungszwecken eingeschmolzen.

Hinter dem Wullenwebersteg lassen einige Trauerweiden ihre herabhängenden Äste auf das Wasser sinken. Am südlichen Ufer befand sich bis 1967 der Hafen der Staatlichen Porzellanmanufaktur. In das kleine Hafenbecken mündete einst der Schafgraben, aus dem nach Lennéscher Planung später der Landwehrkanal wurde. 1816 eröffnete hier ein Zweigbetrieb einer Porzellanmanufaktur, die 1751 von dem Wollzeugfabrikanten Wilhelm Caspar Wegely gegründet worden war und die schon sechs Jahre später schließen musste. Vier Jahre darauf kam es zur Neugründung durch den Kaufmann und Spekulanten Ernst Gotzkowsky. Friedrich II. hatte Gotzkowsky 1740 nach Charlottenburg berufen, damit dieser ihn bei der Ansiedlung von Manufakturen beraten sollte. Gotzkowsky übernahm die brachliegende Fab-

Borsigsteig, Blick nach Süden. 1910. Fotograf: Max Missmann

rik und produzierte bald mit 150 Mitarbeitern, unter dem Namen «Aechte Porcelaine-Manufacture», das Porzellan mit dem blauen «G».

Im Oktober 1760 hat sich Gotzkowsky bei der Besetzung Berlins durch die Russen und Österreicher große Verdienste um die Stadt und ihre Bevölkerung erworben. Durch Verhandlungsgeschick und unter Einsatz seines Vermögens gelang es Gotzkowsky, die von den Russen geforderten Kontributionen erheblich zu ermäßigen und zu erfüllen. Verluste aus Spekulationsgeschäften relativierten jedoch den Erfolg und führten 1763 zum Verlust seiner Kreditwürdigkeit. Er war gezwungen, die Manufaktur an den König zu verkaufen, der in Anbetracht seiner großen Verdienste einen fairen Preis von 225.000 Taler zahlte. Die nun «Königlich-Preußische Porzellanmanufaktur» verlagerte in den folgenden Jahren den gesamten Produktionsbetrieb an die Spree.

Die nach Ernst Gotzkowsky benannte Brücke entstand nach Entwurf von Alfred Grenander im Jahr 1911. Bis 1888 brachte eine Fähre die Arbeiter von Moabit nach Charlottenburg, wo sich Ende des 19. Jahrhunderts mehrere große Industriebetriebe, wie die Maschinenfabrik Freund und die chemische Fabrik Heyl, befanden. Danach überbrückte ein Holzsteg die Spree, bis endlich die neue Brücke fertig war.

Am rechten Ufer, hinter der Gotzkowskybrücke, steht ein Fabrikgebäude, das 1922 für die Firma Adrema gebaut wurde, die sich auf Adressiermaschinen und andere Büromaschinen spezialisiert hatte. Die 1913 von Julius Goldschmidt in der Schöneberger Bülowstraße gegründete Firma war ein ausgesprochen

Zusammenfluss von Spree und Landwehrkanal. Im Hintergrund die Müllverladestelle

erfolgreiches Unternehmen. Bereits 1918 zog man wegen Platzmangels nach Alt-Moabit, wo vier Jahre später das neue Hauptgebäude entstand. 1958 baute die Firma in Frankfurt am Main ein neues Hauptwerk, produzierte in Berlin aber noch bis 1970. Der einstige Firmensitz dient heute als Hotel und erinnert mit seinem Namen «adrema Hotel» an die Geschichte des Hauses.

Nah dem linken Spreeufer, zwischen Schlesingerstraße und Kucharskistraße, eröffnete 1986, in einem Neubau mit gewölbter Fassade und verglaster Rundhalle, das Doppelinstitut der Technischen Universität und Frauenhofer Gesellschaft. Seither wird hier die «Fabrik von morgen» geplant. Die automatisierte Produktionstechnik und der Einsatz von Industrierobotern wird ständig verbessert und den neuen Bedürfnissen der Industrie angepasst.

Die Königliche Technische Hochschule zu Berlin wurde am 1. April 1879 gegründet. Sie entstand durch die Zusammenlegung der 1799 gegründeten Bauakademie mit der 1821 gegründeten Gewerbeakademie. Damit war die Grundlage für die Herausbildung einer, den bisherigen Universitäten gleichrangigen, wissenschaftlich-technischen Ausbildungsstätte geschaffen. Nach dem Ersten Weltkrieg änderte die Hochschule ihren Namen in Technische Hochschule Berlin-Charlottenburg. In der Nacht zum 23. November 1943 wurde die Hochschule bei einem Bombenangriff weitgehend zerstört. Der Neuanfang begann am 9. April 1946 mit einer programmatischen Namensgebung: Als erste Technische Hochschule in Deutschland gab sie sich die Bezeichnung «Technische Universität». Diese Umbenennung sollte die Hoch-

Kraftwerk Charlottenburg

schule über die wissenschaftlichen und technischen Disziplinen hinaus auf ein humanistisches Bildungsziel verpflichten. Dementsprechend wurden Lehrstühle für Literaturwissenschaft, Geschichte, Sozialethik und Anthropologie eingeführt. Seither ist die Hochschule unaufhörlich gewachsen. Alle von ihr genutzten Gebäude zusammengenommen, wären schon eine Stadt für sich.

1922 kaufte die Nahrungsmittelfirma Knorr, mit Hauptsitz in Heilbronn, den Hansa Speicher zur Einrichtung einer Berliner Zweigniederlassung. Für den Standort an der Spree sprach die gute Verkehrsanbindung der Stadt. Später befand sich in einem Teil des Gebäudes die Redaktion und Druckerei der «Wahrheit», bis zum Fall der Mauer die Parteizeitung des West-Berliner Ablegers der SED.

Vor dem Kraftwerk Charlottenburg mündet von links der Landwehrkanal und von rechts der Charlottenburger Verbindungskanal in die Spree. Letztgenannter ist 3,2 Kilometer lang und für die Berufsschiffahrt die kürzeste Verbindung zum Westhafen. Der gut zehn Kilometer lange Landwehrkanal verbindet die Unterspree in Charlottenburg mit der Oberspree nah dem Schlesischen Tor. Die Planung des zwischen 1845 und 1850 angelegten Kanals lag in den Händen des Gartenbaudirektors Peter Joseph Lenné, der auch die Uferstraßen und die Randbepflanzung vorgab. War der Kanal einst eine der wichtigsten Wasserstraßen, spielt er heute nur noch für die Ausflugsschiffahrt eine wichtige Rolle.

Am östlichen Ufer der Wasserstraßenkreuzung wurde 1935/36 eine Müllverladestelle nach Entwurf von Paul Baumgarten d.J. gebaut, die bis 1954 bestand. Die Müllfahrzeuge konnten auf eine Plattform fahren, die über den Wasserspiegel hinausragte. Von dort kippten sie den Müll direkt in, unter der Plattform festgemachte, Spreezillen, die anschließend ihre Ladung zu Brandenburger Deponien transportierten. Mit dem Bau der Müllverbrennungsanlage Ruhleben wurde die Müllverladung überflüssig und eingestellt. Heute wird der Bau, der in seiner modernen Form an ein Frachtschiff erinnert, als Architektenbüro genutzt.

Das Kraftwerk Charlottenburg wurde 1900 durch Georg Klingenberg fertiggestellt und seither mehrfach umgebaut und erweitert. Der heute älteste Teil ist das an der Spree gelegene Bürogebäude mit seiner reich gegliederten Fassade. Weiße Putzflächen lassen die roten Ziegel besonders klar hervortreten. Der 125 Meter hohe Schornstein war bei seiner Errichtung, im Jahr 1929, der höchste Europas. Vor dem Kraftwerk der Siemenssteg, der 1900 nicht nur als Fußgängerbrücke, sondern auch zur Überführung von Elektrokabeln gebaut wurde. Eine steinerne Treppe führt von beiden Ufern, zwischen jeweils zwei barockartigen Türmchen, auf die Brücke. Diese Turmbauten wurden mit zuckenden Blitzen und Elektrokabeln verziert, die auf die Funktion als Kabelträger hinweisen sollen.

Wer von hier aus nach Süden blickt, sieht nah dem Turm des Rathauses Charlottenburg einen Ozeanriesen aus den Häuserschluchten herausfahren, vermutlich in Richtung Spree. Deutlich ist am Bug des stattlichen Schiffes der Name «Phoenix« zu lesen. Man muss schon sehr genau hinschauen, um die Illusion in vollem Umfang zu erkennen. Das Malerehepaar Christiane und Gert Neuhaus hat 1989 das verblüffende Fassadenbild an der Wintersteinstraße gemeinsam entworfen. Gert Neuhaus ist Spezialist für «Giebelphantasien» und hat in den achtziger Jahren eine große Anzahl von Berliner Brandmauern bemalt. Zu seinen bekanntesten «Kunstwerken auf Zeit» gehören der «Reißverschluss» in der Zillestraße und die mittlerweile durch eine geschlossene Baulücke verschwundenen «Turnschuhe» in der Neuköllner Karl-Marx-Straße.

Auf Höhe des Siemensstegs, nicht weit vom südlichen Ufer entfernt, befindet sich die eigentliche Geburtsstätte Charlottenburgs, das historische Dorf Lützow. Schon in der Slawenzeit existierten zwei Siedlungskerne in der sumpfigen Landschaft. Aus einer Urkunde des Kurfürsten Joachim II. von 1537 ist bekannt, das die Spree hier einst doppelarmig floss und so eine Flussinsel bildete, den Kasow'schen Werder. Anfang des 18. Jahrhunderts entstand, begünstigt durch die Nähe zum Hohenzollernschloss, abseits vom Dorf eine städtisch anmutende Siedlung, die bald zur Stadt erhoben wurde und 1705 den Namen der verstorbenen Königin Sophie Charlotte erhielt. Bereits 1720 gingen das Dorf und die vor dem Schloss gelegene Siedlung ineinander auf. Der Glanz der Residenz hielt nur für kurze Zeit an, da der sparsame König Friedrich Wilhelm I. kein Interesse an dem Schloss zeigte und es somit total vernachlässigte. So verlor die Stadt ihre aus der Hofhaltung erwachsenen Einnahmen und sank zur Ackerbürgerstadt herab. Obwohl die Dorfaue 1848 umgestaltet wurde, blieb die Angerform bis heute erhalten.

Am Iburger Ufer, das mit seinem Namen an den Geburtsort der Königin Sophie Charlotte erinnert, steht seit 1983 eine Skulptur der Bildhauerin Gertrud Bergmann. Sie erinnert an den 1978 verstorbenen Rundfunkpionier Alfred Braun. Als Chefreporter der «Funkstunde Berlin» entwickelte Braun Kultursendungen, Hörspiele und aktuelle Reportagen. Seine Popularität als Rundfunkmacher ist bis heute unübertroffen. Legendär seine regelmäßige Sendung «Der Spreekieker» im Sender Freies Berlin (SFB). Braun, der 1933 einige Zeit im KZ Oranienburg inhaftiert war und dem dann die Ausreise in die Schweiz gelang, konnte 1939 durch Intervention des Schauspielers Emil Jannings wieder nach Deutschland zurückkehren und beim Film arbeiten. Nach dem Krieg war er für den Berliner Rundfunk in Ost-Berlin tätig, wo er durch einige polemische Kommentare gegen die Luftbrücke auffiel. Als er dann 1954 erster Intendant des SFB in West-Berlin wurde, galt er durch seine Arbeit im Dritten Reich und später für Ost-Berlin bei einigen Politikern als «sehr umstritten» – bei den Hörern erfreute er sich allerdings großer Beliebtheit.

Gespräche mit Geistern und die flotten Geschäfte von Tante Agnes

Zwischen Schloss Charlottenburg und der Spreemündung

Hinter der Schlossbrücke ist die Spree die natürliche Begrenzung des Charlottenburger Schlossparks. Sie speist über einen Zu- und Abfluss, quasi im Vorbeifließen, den großen Karpfenteich und bildet gleichzeitig zwischen Teich und Teichgraben eine kleine Insel, die nur über eine Holzbrücke erreichbar ist. An dem Vorgängerbau der heutigen Brücke war eine Glocke befestigt, was dem Bauwerk den Namen «Klingelbrücke» einbrachte. Wurde die Glocke in Bewegung gesetzt, dauerte es nicht lange, bis die berühmten Mooskarpfen ihre Köpfe aus dem Teich reckten. Es sollen uralte Burschen gewesen sein, die einst König Friedrich Wilhelm I. eigenhändig im Teich freisetzte. Wenn die Glocke erklang, öffneten die Tiere ihr rundes Karpfenmaul und warteten auf Brotreste und Kuchenkringel, die Parkbesucher ihnen zuwarfen. Theodor Fontane schrieb im «Vorüberwandern», dass sich die Fütterung, ähnlich der im Zoologischen Garten abspielte: «Wie sich die Schrippe zum Elefanten verhält, so verhielt sich die Semmel zum Karpfen. Alte Frauen, nicht viel jünger wie die krokodilartigen Ungeheuer der Tiefe, saßen hier sommerlang mit ihrem Backwerk und sahen aus, als gehörten sie mit dazu. Es hatte etwas Spukhaftes, diese Altersanhäufung und die Kinderwelt dazwischen.»

Das Ende der Teichbewohner kam indes plötzlich. In einem ungewöhnlich kalten Winter fror das Wasser bis auf den Boden. Die Karpfen zogen sich auf den Grund zurück und waren bald in ihrem Moorgrund vom Eis eingeschlossen und zum Ersticken verurteilt. Erst im April, als das Eis geschmolzen war, tauchten sie wieder auf – alle waren tot. Insgesamt sollen es 36 Stück gewesen sein, um die 150 Jahre alt, und alle trugen die Karpfenkrone. Direkt am Ufer sollen sie begraben worden sein.

1701 ließ König Friedrich I. eine regelmäßige Verbindung mit Treckschuten, zwischen dem Schloss Charlottenburg und Berlin einrichten, um seiner Gattin Sophie Charlotte ein angenehmeres Reisen zu ermöglichen.

Nah dem Karpfenteich im Schlosspark Charlottenburg steht das als Teehaus errichtete Belvedere. Der Baumeister Langhans baute das dreigeschossige Gebäude mit ovalen Räumen und verband dabei geschickt die Formensprachen von Rokoko und Klassizismus. Die Spitze des kupfernen Dachhelms zieren drei Genien, die einen goldenen Fruchtkorb gen Himmel reichen. Im Rundsaal des zweiten Stockes saß König Friedrich Wilhelm II., der Nachfolger Friedrichs des Großen, häufig in den ersten Jahren seiner Regierungszeit. In der Stunde der Dämmerung wartete er hier auf die Geis-

Das Belvedere im Charlottenburger Schlosspark

ter Marc Aurels, des Philosophen Leibniz und des Großen Kurfürsten. Er hatte sich ihr Erscheinen gewünscht und tatsächlich – sie erschienen. Die Geister gestatteten dem König sogar ausdrücklich Fragen, aber es gelang ihm nicht, auch nur ein Wort über seine ausgetrockneten Lippen zu bringen. Dafür sprachen die Toten eindringlich auf den König ein. Er musste sich harsche Strafpredigten anhören, und die Stimmen mahnten ihn zur Rückkehr auf den Pfad der Tugend. Mit angsterfüllter Stimme rief er nach seinen Freunden, um ihn von seiner Todesangst zu befreien. Wenig später betrat Bischofswerder, der engste Vertraute des Monarchen, den Raum und geleitete den völlig erschöpften König zu seiner Kutsche. Er wollte zu seiner Mätresse, der Gräfin Lichtenau, zurückgebracht werden. Diesem Wunsch wurde aber nicht entsprochen, der Kutscher hatte Befehl, ihn noch in der Nacht nach Potsdam zu fahren.

Ähnliche Séancen fanden auch im Marmorpalais, im Eckardtsteinschen Haus oder im Schloss Marquardt, dem Wohnsitz Bischofswerders, statt. Dieser hatte in seinem Park eine Grotte «nach dem rosenkreuzlerischen Ritual, in einem mit Akazien bepflanzten Hügel angelegt». Das Innere der Grotte war mit blauem Lasurstein mosaikartig gestaltet. Das Licht eines an der Decke hängenden Kronleuchters brachte den Lasurstein zum Funkeln. Nur wenige Eingeweihte nahmen an den Sitzungen teil. Wenn der König in der Grotte Platz genommen hatte, waren bald merkwürdige Stimmen, teils von Harfentönen begleitet, zu vernehmen. Hier wagte der König Fragen zu stellen, und die Geister antworteten ihm. Was Friedrich Wilhelm II. nicht wusste: Die Grotte war doppelwandig gebaut worden. Zwischen den Wänden bewegten sich von Bischofswerder eingesetzte «Helfer», deren unterschiedliche Stimmen so einen spiritistischen Effekt erzielten.

Der Rosenkreuzer Bischofswerder war überhaupt ein Meister der Inszenierung. Als der König am 16. November 1797 starb, zeigte er noch einmal sein Können. Im Berliner Dom war das gesamte politische Preußen versammelt. Der Sarg stand auf der versenkbaren Plattform, die in die Gruft führte. Zum Ende der Trauerfeier trat Bischofswerder, eine brennende Fackel in der Hand, neben den Sarg. Langsam versank der Sarg mit dem toten König in Begleitung des lebenden Fackelträgers in die Tiefe. Eine Inszenierung, die bei allen Trauergästen gewaltigen Eindruck hinterließ.

Noch Jahrzehnte danach wurde das Belvedere im Schlosspark als «Spukhaus» gemieden. Heute zeigt es sich wieder in alter Schönheit. Im Inneren wird eine bedeutende Sammlung Berliner Porzellans des 18. und 19. Jahrhunderts gezeigt – Fayencen statt Séancen.

Das Schloss Charlottenburg selbst entstand zwischen 1695 und 1699 nach Entwurf von Johann Arnold Nehring als Sommerresidenz von Sophie Charlotte, der Gemahlin des Kurfürsten Friedrich III. Ab 1702 wurde der Bau durch Eosander erweitert. Der Le Notre-Schüler Simeon Godeau gestaltete den Schlosspark als französischen Barockgarten mit Broderie-Parterre und Brunnenanlage. Ende des 18. Jahrhunderts begann eine Neugestaltung, die sich an englischen Parkanlagen orientierte. Die beteiligten Gartengestalter waren Johann August Eyserbeck, Georg Steiner und Peter Joseph Lenné. Die mehrfach erweiterte Schlossanlage mit ihren prachtvoll ausgestatteten Räumen ist ein lebendiges Zeugnis höfischer Kulturgeschichte vom Barock bis in das frühe 20. Jahrhundert.

Hinter der Bahnbrücke ist das Wasserstraßen-Dreieck und die Schleuse Charlottenburg erreicht. Rechts zweigt der 2,5 Kilometer lange Westhafenkanal ab, und die Spree beschreibt hier einen rechten Winkel auf ihrem Weg nach Spandau. Abgasgeschwängerte Luft und unangenehm laute Verkehrsgeräusche kündigen die Stadtautobahn an. Die 925 Meter lange Rudolf-Wissell-Brücke, überbrückt in dreißig Metern Höhe das Spreetal und verbindet Siemensstadt und Charlottenburg Nord mit den südwestlichen Gebieten von Charlottenburg.

Hinter der Rohrdammbrücke entspringt die Fürstenbrunn-Quelle, von der Willy Bark in seiner Chronik von Alt-Westend berichtet, dass schon der Große Kurfürst und später auch Friedrich Wilhelm IV. von dem klaren Wasser getrunken haben. Wilhelm II. soll das Quellwasser so sehr geschätzt haben, dass es weder auf seiner Tafel noch auf seinen Reisen fehlen durfte. Auf der Flurkarte Charlottenburgs von 1719 ist die Quelle als «Springbrunnen» verzeichnet. Willy Bark weiß zu berichten, dass der Volksmund schon damals einen anderen Namen gefunden hatte – «Pißmännken». Aufklärung zur Namensgebung liefert Dressels Pfarrchronik aus dem Jahr 1813: «Jene Stelle, wo sich eine schöne, reine Quelle befindet, welche man die Pißmännchen nennt, weil dort zwei steinerne, kleine männliche Bildsäulen stehen, aus deren männlichen Gliedern das Wasser in einen Kessel hinabträufelte, und die ich selbst noch gesehen habe». Heute pieselt hier kein Wasser mehr, da die Fürstenbrunn-Quelle schon vor mehr als hundert Jahren in unterirdische Rohre verbannt wurde – vielleicht weil dem Abfüllbetrieb die Nähe zu den großen Friedhöfen am Fürstenbrunner Weg unangenehm war.

Das riesige Laubengelände zwischen Spree und Spandauer Damm teilen sich mehrere Kolonien mit teils erstaunlich klingenden Namen wie Roßtrappe, Bismarcksruh, Gesundheitspflege und Sonntagsfrieden. Jahrzehntelang konnten die Laubenbesitzer ihre Grundstücke über den Ruhwaldweg und die Spreetalallee problemlos auf kürzestem Wege erreichen. Da sie auf diesem Weg die Bahngleise überqueren mussten, sorgte ein Schrankenwärter für ihre Sicherheit. Die Schranke war die letzte in Berlin, die per Hand bedient wurde. Letzter Schrankenwärter bis vor wenigen Jahren war Kai Grellert, den hier jeder kannte. Seit dem Streckenausbau wurde der Schrankenwärter eingespart und eine automatische Schranke wurde nicht gebaut. Stattdessen wurde zum Ärger der Anwohner ein stabiler Zaun gezogen, der das Überqueren der Gleise verhindert. Hinter den Gleisen erhebt sich ein kleiner Berg, mit hohen alten Bäumen bewachsen – Park Ruhwald.

Im Jahr 1854 eröffnete auf einer Seite des damals noch kahlen Berges eine Bockbierbrauerei mit der Schankstätte «Spandauer Bock». Direkt daneben ließ der Brauereibesitzer Conrad Bechmann für sich und seine Familie eine Villa erbauen. Zwölf Jahre später, im Jahr der Gründung der Villenkolonie Westend, erwarb Louis von Schaeffer-Voith auf der anderen Berghälfte ein 5,8 Hektar großes Grundstück zum Bau eines stattlichen Schlosses.

Der spätere Schlossherr hatte in Berlin, damals noch unter seinem bürgerlichen Namen Ludwig Schäfer, mit seiner Frau Margarethe, einer gebore-

Schloss Ruhwald, 1937

nen Voith, die illustrierte Damenzeitung «Der Bazar» gegründet. Der überwältigende Erfolg dieser Modezeitschrift brachte viel Geld, den Adelsstand und auch den Titel Geheimer Kommerzienrat mit sich. Schaeffer-Voith beauftragte den Baurat Carl Schwatlow, der durch den markanten Bau des Postfuhramtes in der Oranienburger Straße bekanntgeworden war, ein Schloss im klassizistischen Stil zu errichten. Innen und außen schmückte den Dreißig-Zimmer-Bau nach seiner Fertigstellung reichhaltiger Skulpturenschmuck des Bildhauers Alexander Calandrelli.

Der sonst kilometerweit vom Flussbett der Spree entfernte Steilhang der Teltowhochfläche reicht an dieser Stelle ungewöhnlich nah an den Fluss heran. Dieser Umstand machte es möglich, das Gebäude direkt auf die Hangkante zu bauen. So hatten die Schlossbesitzer, dreißig Meter über dem Wasser, eine grandiose Aussicht über Spree- und Haveltal bis zum Tegeler See. Den von einer hohen Mauer umgebenen Schlosspark hatte Schaeffer-Voiths Obergärtner Duckstein angelegt. Dieser pflanzte einen Buchenwald, der durch einige dazwischengesetzte nordamerikanische Nadelbäume belebende Akzente erhielt. An der westlichen Grundstücksgrenze, zur Brauerei, ließ er aus Felsen ein kleines, künstliches Gebirge entstehen. In der Mitte des Parks entstand eine Grabanlage für den Sohn des Verlegerpaares, Udo, der im Krieg von 1866 der Cholera erlegen war. Zum Andenken an den Sohn gab Schaeffer-Voith seinem Schloss den Namen Ruhwald. Eine große Engelstatue, ebenfalls von

Spandauer Bock um 1910

Calandrelli geschaffen, erschlug beim Versuch der Aufstellung am Grab drei Arbeiter. Zum Schloss gehörte außerdem ein stattliches Eingangsportal, ein Dampfmaschinengebäude, Stallungen, Remise, Fasanenhaus, Teehaus sowie mehrere Garten- und Gewächshäuser. Später wurde das Ensemble noch um ein Kavalierhaus mit vierzig Zimmern und einen Arkadenbau erweitert.

Schon nach wenigen Jahren wurde die Freude der Schlossbewohner stark getrübt. Immer wieder gab es Ärger mit dem Brauereibesitzer um das Wegerecht. Da man sich nicht einigen konnte oder wollte, verkaufte das Ehepaar Schaeffer-Voith 1872, auf dem Höhepunkt der Gründerspekulation, den Besitz an die Westend-Gesellschaft. Diese gab Ruhwald weiter an den Berliner Malzfabrikanten Johann Hoff, der im Schloss ein Restaurant eröffnete. Der neue Besitzer merkte offenbar zu spät, dass man mit dem Werbeslogan «Ruhmvoll besiegt allhier Deutsches Porterbier Englisches Porterbier» kein gutes Geschäft machen kann. Der Volksmund reagierte mit Hohn und Spott: «Nun ruhen alle Wälder, vor allem Ruhwald selber». Volkes Stimme hatte die Lage richtig eingeschätzt – das Restaurant schlitterte in die Pleite und fiel nach dem Gründerkrach wieder an das Ehepaar Schaeffer-Voith zurück. Sie nutzten es aber nicht mehr selbst, da sie in der Zwischenzeit das Gut Blankenfelde im Kreis Teltow erworben hatten.

Nach mehrfachem Besitzerwechsel eröffnete in Ruhwald zwischenzeitlich eine Heilanstalt für wohlsituierte Nervenkranke. Leiter war Dr. Levinstein, dem bereits die Schöneberger Maison de Santé gehörte. Der nächste Eigentümer war der Bankier Siegfried Ábrahamsohn, der Ruhwald 1898 übernahm. 1924 kaufte dann die Stadt Berlin Park und Gebäude. Das Kavalierhaus wurde zur Tageskurstätte für lungenkranke Frauen und das Schloss «Staatliche Wirtschaftsschule». 1936 standen die Räume Leni Riefenstahl zur Fertigstellung ihres Olympia-Films zur Verfügung. In diesem Jahr übernahm die Stadt auch das angrenzende Brauerei-Grundstück und ließ im darauffolgendem Jahr alle Gebäude von polnischen und jüdischen Zwangsarbeitern abreißen.

Louis von Schaeffer-Voith war bereits 1887 verstorben, seine Frau Margarethe überlebte ihn um einige Jahre. Ihre gemeinsam aufgebaute Zeitschrift hatten sie 1871 verkauft. Die neuen Besitzer führten sie erfolgreich weiter. 1937 sollte der Titel richtig deutsch klingen – so wurde aus «Bazar» nun «Modewelt». Der Weltkrieg führte 1942 zur Einstellung und zum Verkauf an einen amerikanischen Verlag. Aus «Modewelt» wurde nun wieder «Bazar» und existiert als New Yorker Modezeitschrift bis zum heutigen Tag.

Im Park Ruhwald muss man heute suchen, um noch Reste der ehemaligen Schlossanlage zu entdecken. Der Park der Bechmannschen Brauerei und der von Ruhwald wurden zusammengelegt und durchgreifend als öffentliche Parkanlage umgestaltet. Von den einstigen Stallungen und Nebengebäuden ist noch einiges erhalten, ebenso Teile der Umfassungsmauer und der alte Lieferanteneingang zur Spreetalallee. Auch die Arkaden stehen noch, befinden sich aber in keinem guten Zustand. In zwei gegenüber angeordneten Nischen sind sogar die von Carl Cauer 1872 in Rom gemeißelten Büsten der einstigen Besitzer zu entdecken. Ihr Zustand ist erbärmlich, die Gesichtszüge mit Farbe verschmiert und stark beschädigt. Bis 1959 standen die Büsten in der Gruftkapelle auf dem Luisenkirchhof an der Königin-Elisabeth-Straße. Als der Bau der Stadtautobahn das Schaeffer-Voitsche Erbbegräbnis fast vollständig zerstörte, wurden die Büsten des Ehepaares in der Arkadenhalle aufgestellt.

Von Ruhwald aus, fällt der Blick über die Spree nach Siemensstadt, dessen Vorgeschichte 1847 begann, als der Ingenieur Werner Siemens, zusammen mit dem Mechaniker Johann Georg Halske, eine «Telegraphen-Bauanstalt» eröffnete. Die Werkstatt befand sich in einem Hinterhofgebäude in der Schöneberger Straße nah dem Anhalter Bahnhof. 1851 reichten die Räumlichkeiten schon nicht mehr aus, und die aufstrebende Firma Siemens & Halske bezog größere Fabrikräume in der Kreuzberger Markgrafenstraße. Die erhebliche Ausweitung der Produktion machte 1883 einen Umzug an das Charlottenburger Salzufer erforderlich, nachdem schon zuvor einige Betriebsteile nach Charlottenburg verlagert wurden. 1888 wird Werner Siemens in den Adelsstand erhoben. Der Firmengründer verstirbt vier Jahre später im Alter von 76

Siemensstadt mit Spreemündung aus 500 Meter Höhe, 1933

Jahren in Berlin. Das von seinen Söhnen weitergeführte Unternehmen wächst ständig und parallel dazu steigt der Platzbedarf für die Produktion. Ein neuer Standort wird gesucht, und der Blick fällt auf die Nonnenwiesen, ein riesiges unbebautes Areal zwischen Charlottenburg und Spandau.

1898 wird direkt an der Spree, zwischen dem heutigen Rohrdamm und einem Stichkanal, das Kabelwerk Westend errichtet, die eigentliche Keimzelle der Siemensstadt. Ein Spreearm wurde zugeschüttet, von ihm blieb nur ein Reststück übrig. Wegen des sumpfigen Untergrundes musste das gesamte Kabelwerk auf Holzpfählen errichtet werden. Von nun an wird immer weiter gebaut, über die Jahrhundertwende hinweg. Die Werksanlagen erstrecken sich über fast 2,7 Millionen Quadratmeter, von der Charlottenburger Spree im Südosten bis in das nordwestlich gelegene Gartenfeld – eine Entfernung von rund fünf Kilometern. Für die Arbeiter und Angestellten der Siemenswerke war in den Anfangsjahren die schlechte Verkehrsanbindung ein erhebliches Problem. Um die Wege für einen Teil der Beschäftigten zu verkürzen, begann die Märkische Bodengesellschaft ab 1904, mit Unterstützung von Siemens, mit dem Bau von Wohnhäusern am Nonnendamm. Da aber anfangs die wichtigsten Versorgungseinrichtungen für die zukünftigen Bewohner fehlten, war das Interesse an den Wohnungen entsprechend gering. Der Anzeiger für das Havelland bemerkt dazu am 6. April 1906: «Während im neuen Stadtteil am Nonnendamm die Herstellung großer Fabrikanlagen fortdauert, ruht der Bau von Wohnhäusern. Die Vermietung der vorhandenen Wohnungen gehen nur langsam vonstatten, und es stehen zahlreiche Häuser gänzlich leer. Zum

1. April hat statt einer Bevölkerungsvermehrung sogar eine Abnahme der Einwohnerzahl stattgefunden, denn es sind 17 Familien wieder fortgezogen, während nur drei Familien zugezogen sind. Unter diesen Umständen will in dem neuen Stadtbezirk auch kein reger Geschäftsverkehr sich entwickeln.» Dieser beklagenswerte Zustand hielt auch an, als die anfangs recht hohen Mieten herabgesetzt wurden. Am 1. Oktober 1906 lebten im Stadtteil Nonnendamm knapp tausend Einwohner. In den Siemens-Fabriken arbeiten zu diesem Zeitpunkt 8855 Arbeiter und 967 Beamte. Erst mit der Errichtung von Schulen, Geschäften und Dienstleistungsbetrieben waren mehr und mehr Siemens-Beschäftigte zu einem Umzug bereit.

Seit 1914 heißt der neuentstandene Stadtteil Siemensstadt und zählt in diesem Jahr, zu Beginn des Ersten Weltkrieges, 7152 Einwohner. In den zwanziger Jahren setzt der Konzern den Wohnungsbau dann in eigener Regie fort. Neben Wohnungen werden jetzt auch Einfamilienhäuser gebaut. Das bedeutendste Wohnungsbauprojekt war die sich östlich anschließende Großsiedlung Siemensstadt, mit der die Abkehr von der Mietskasernenstadt und die Hinwendung zum Wohnen in Licht und Luft und im Grünen vollzogen wurde. 1678 Wohnungen entstanden so zwischen 1929 und 1932, entworfen von Scharoun, Gropius, Häring, Forbat, Henning und Bartning. Letztgenannter baute als optische Abschirmung des Bahndamms eine etwa fünfhundert Meter lange Wohnanlage entlang der Goebelstraße. Der gesamte Bau wirkt wegen seiner Einförmigkeit etwas befremdlich. Anwohner fanden daher schnell den bezeichnenden Namen «Langer Jammer». An den Wohnhäusern und den Fabrikanlagen von Siemens wurde gebaut bis zum Beginn der vierziger Jahre, dann fielen die ersten Bomben auf Berlin – der Zweite Weltkrieg hatte die Hauptstadt erreicht.

Von der Spree aus ist im Hintergrund das Verwaltungsgebäude von Siemens zu sehen. Große quadratische Fenster prägen die mit flachen Wandpfeilern gegliederte Fassade, die zu den Gebäudeecken verstärkt wirken und ein zinnenartiges Dekor aufweisen. Neben dem Verwaltungsgebäude bestimmen den Blick von der Spree aus weitere Großbauten. 1906 war Baubeginn für das Dynamowerk, das aus einer ganzen Reihe von parallel zueinander angeordneten Hallen besteht. Sie entstanden mit wenigen Ausnahmen bis 1915 und waren für die Siemens-Schuckert GmbH bestimmt, seit 1903 Schwesterfirma. Durch die Übernahme baute Siemens seinen Starkstrombereich entscheidend aus. Das ebenfalls für Siemens-Schuckert, links neben dem Verwaltungsgebäude errichtete Schaltwerkhochhaus gehört zu den wichtigen Werken deutscher Industriearchitektur. 1928 nach Entwurf von Hans Hertlein fertiggestellt, war es der erste Industriehochbau Europas. Über acht

Die Siemens-Werke am Nonnendamm. Blick von Süden, 1905

Produktionsgeschossen befinden sich zwei weitere Geschosse mit Büroräumen, die an den Längsseiten etwas zurückversetzt sind.

Ab August 1906 werden bei Siemens-Schuckert Elektro-Autos gebaut. Fünfhundert Arbeiter waren am Bau des Modells «Viktoria» beteiligt. Das Fahrzeug wurde als Stadtwagen oder Droschke für 12.000 Mark verkauft. Die Batterie, mit der man siebzig Kilometer weit, bei einer Höchstgeschwindigkeit von dreißig Stundenkilometer durch die Gegend «rasen» konnte, wog fünfhundert Kilogramm. Mit 4,2 PS konnte das insgesamt 1500 Kilogramm schwere Auto Steigungen bis acht Prozent bewältigen.

1914 war der Baubeginn für das Wernerwerk M, wobei die Zusatzbezeichnung M für Messtechnik steht. Die Pläne von Hans Hertlein sahen den Bau mit zwölf gleich großen, rechteckigen Innenhöfen vor, der aber nie in dieser Form vollendet wurde. Überragt wird die Fabrik für Messinstrumente der Schwachstromtechnik von einem über siebzig Meter hohen Turm, der zum Wahrzeichen der Siemensstadt wurde. Im Turm versteckt befindet sich ein Schornstein und ein Wasserreservoir. Die Uhr unter dem Konsolengesims war einmal die größte Europas. Die Zifferblätter haben einen Durchmesser von sieben Metern und die Minutenzeiger sind über drei Meter lang. Der Zweite Weltkrieg zerstörte einen Teil des Wernerwerks, wobei nur der Turm und ein Teil der südlichen Gebäudefront erhalten blieb. Das zweite Wernerwerk F, der Buchstabenzusatz steht hier für Fernmeldetechnik, entstand 1904/05. Im Krieg stark zerstört und anschließend nur vereinfacht wieder aufgebaut, wurde es 1981 – es galt als veraltet – abgerissen.

Der Wernerwerk-Hochbau wurde 1930 als eigenes Verwaltungsgebäude der Siemens & Halske AG gebaut. Als Stahlskelettbau errichtet und mit roten Klinkern verblendet, wurde es 1936/37 nochmals erweitert. Der Hauptflügel hat elf Geschosse, die von einem 55 Meter hohen Turmbau überragt werden. Das Wernerwerk XV, jenseits des S-Bahnhofs Wernerwerk, ist mit seinem großen Siemens-Schriftzug, für Autofahrer auf der Stadtautobahn A 100 das Schaufenster zur Siemensstadt. Zwischen 1924 und 1942 in mehreren Bauabschnitten fertiggestellt, zeigt sich der Bau als mehrfach abgewinkelte langgestreckte Anlage, in der heute das Werk für Übertragungssysteme untergebracht ist.

Da die Technik sich seit Bestehen der Siemenswerke ständig verändert hat, haben viele Bauten heute eine andere Funktion. Einige wurden für neue Fertigung umgebaut, oder wie das Kabelwerk Westend 1977, abgetragen.

Die letzten Kilometer bis zur Spreemündung sind nicht die schönsten, die der Fluss zu bieten hat. Das Landschaftsbild wird von Industrie- und Versorgungsbauten geprägt. Siemens hat nicht nur der Gegend seinen Stempel aufgedrückt, auch die Spree hatte keine Chance, sich gegen die Veränderungen, die eine Industrialisierung mit sich brachte, zu wehren. Schlängelte sie sich einst in sanften Bögen durch die Landschaft, war das für den zunehmenden Schiffsverkehr störend. Regelmäßig mit Beginn des Sommers wurde die Fahrrinne enger und schrumpfte auf zwei Kahnbreiten zusammen. Für die Schiffer bedeutete das einen erheblichen Einkommensverlust, da in dieser Zeit ihre Kähne nur die halbe Ladung aufnehmen konnten, da sie sonst bald festsaßen und den Verkehr auf der Spree endgültig blockierten. Besonders zwei Flusskrümmungen machten den Schiffern Schwierigkeiten. An der Otternbucht bog die Spree rechtwinklig nach Norden ab, und auch bei Paulstern gab es einen Knick nach Westen. Die meisten Schiffer wählten deshalb im Sommer den Weg über die Havel und den Spandauer Schiffahrtskanal nach Berlin. Das wiederum führte zu hoffnungsloser Verstopfung des Kanals, verbunden mit entsprechend langen Wartezeiten vor den Schleusen und Drehbrücken, so dass eine Durchfahrt manchmal eine Woche Zeit benötigte.

Eine Spreeregulierung wurde immer dringlicher. Das königlich-preußische Wasserstraßenbauamt beauftragte den Geheimen Wasserbaurat Adolf Wiebe mit der Planung einer generellen Neuordnung der Berliner Wasserstraßen. In den folgenden Jahren wurde der Havelbogen bei Tiefwerder und das Gemünd bei Pichelsdorf kanalisiert. Im Anschluss daran wurde mit der Kanalisierung der Unterspree begonnen, um die Bedingungen für den Schiffsverkehr zu verbessern. Der reizvolle aber bogenreiche Abschnitt der Unterspree wurde von der Schleuse Charlottenburg bis zur Spreemündung weitgehend begradigt und verändert. Elf Jahre nach Baubeginn konnten 1894 die Regulierungsarbeiten abgeschlossen werden. An den ursprünglich reizvollen Flussverlauf erinnern, nah dem Rohrdamm, noch die Faule Spree und bei Haselhorst der Restarm Alte Spree. Auch der Ruhlebener Altarm ist heute wie die Alte Spree eine Sackgasse. Er ist ein Überbleibsel einer S-Krümmung, die erst nach Ende des Zweiten Weltkrieges beseitigt wurde. Durch die Bauarbeiten entstand zwischen dem heutigen Bett der Spree und dem Ruhlebener Altarm eine langgezogene Halbinsel, die den Namen Sophienwerder trägt.

Die Laubenkolonie Kraftwerk Unterspree, am linken Ufer, erinnert an das 1911 in Betrieb genommene Kraftwerk, das die Aufgabe hatte, die Berliner U-Bahn mit Strom zu versorgen. Zwei hohe Schornsteine flankierten das Kesselhaus und die Turbinenhalle, die rechtwinklig zueinander standen. Zur Spree hin befand sich ein großer Kohlenlagerplatz mit fahrbarer Brücke und einem Kran. 1949 wurde das Kraftwerk stillgelegt, da die Stromversorgung der U-Bahn nun vom Kraftwerk Reuter übernommen wurde, das sich direkt gegenüber auf der anderen Spreeseite befindet.

Das heutige Kraftwerk Reuter wurde 1930 als «Kraftwerk West» fertiggestellt. Entwurf und Ausführung hatte die Firma Siemens übernommen, die nun in unmittelbarer Nähe ihres Firmensitzes ihr erstes städtisches Kraftwerk baute. Bis dahin waren in Berlin alle Kraftwerke von der AEG gebaut worden. Nach dem Kraftwerk Klingenberg war dieser Bau das größte und modernste Kraftwerk Deutschlands und hatte damals eine Leistung von 224.000 Kilowatt. Das 46 Meter hohe Kesselhaus wird überragt von drei über hundert Meter hohen Schornsteinen. Nach dem Krieg wurden die gesamten technischen Einrichtungen des kaum beschädigten Kraftwerks von den Sowjets demontiert. 1948 begann der Wiederaufbau. Wegen der Blockade Berlins mussten große Teile der Ausrüstung über die Luftbrücke herangeschafft werden. Als der Regierende Bürgermeister Ernst Reuter, der sich als Aufsichtsratsvorsitzender der Bewag stark für den Wiederaufbau des demontierten Kraftwerkes eingesetzt hatte, im September 1953 starb, bekam das Werk noch im selben Jahr den heutigen Namen «Kraftwerk Reuter».

Auf Ruhlebener Spreeseite befinden sich zwei für die Millionenstadt Berlin wichtige Entsorgungsbetriebe. Das Müllverbrennungswerk der Berliner Stadtreinigungs-Betriebe (BSR) nahm nach vierjähriger Bauzeit 1968 seinen Betrieb auf. Die Anlage gehört zu den größten ihrer Art in Europa. Rund 400.000 Tonnen Hausmüll werden jährlich in den acht Verbrennungseinheiten in Asche verwandelt. Der dabei entstehende Hochdruckheißdampf wird zum nahen Kraftwerk Reuter geleitet und dort zur Elektrizitätserzeu-

Trabrennbahn Ruhleben, 1903

gung genutzt. Die Ausgangsmenge des Hausmülls wird so auf zehn bis zwölf Prozent reduziert. Diese Restbestände werden anschließend auf Brandenburger Deponien verbracht. Allein der bei der Verbrennung anfallende Schrott beläuft sich auf rund 16.000 Tonnen pro Jahr.

Gleich daneben, und nicht immer angenehmen Geruch verbreitend, das 1963 fertiggestellte Klärwerk Ruhleben, das den umliegenden Gewerbeflächen seinen Stempel aufdrückt. Die Kläranlage der Berliner Entwässerungswerke entstand auf dem Gelände der früheren Trabrennbahn Ruhleben. Etwa 240.000 Kubikmeter Wasser können pro Tag gereinigt werden. Technisch interessant sind die acht Faulbehälter, die aus statischen Gründen in Tropfenform gebaut sind und für die der Volksmund die Bezeichnung «Spandauer Zwiebel» fand. Die Höhe der Spannbetonbehälter beträgt 39 Meter und der Durchmesser gut 22 Meter. Bis zu 6600 Kubikmeter Wasser kann jeder Behälter aufnehmen. Neben den Faulbehältern gehören ein Einlaufbauwerk, ein Maschinenhaus, ein Pumpwerk sowie Vor- und Nachklärbecken zur Gesamtanlage.

Die «Freiheit» bedeutete in früherer Zeit soviel wie von Abgaben und Lasten befreites Land. Die Straße Freiheit führte in die von altersher Freiheitswiesen genannten Ländereien zwischen Spree und Charlottenburger Chaussee. Am 14. Mai 1909 eröffnete auf dem Gelände des ehemaligen Vorwerks die Trabrennbahn Ruhleben mit einem großen Renntag. Die neue Anlage war als Ersatz für die in Westend geschlossene Bahn gebaut worden.

Lagerpostkarte 1916

Nach Ausbruch des Ersten Weltkrieges wurde die Trabrennbahn geschlossen und diente nun als Internierungslager für britische Staatsangehörige. Zur Unterbringung von 4400 Menschen entstand am Rand der Trabrennbahn eine Barackensiedlung. Bei den Internierten handelte es sich nicht um Kriegsgefangene, sondern um Zivilinternierte. Das Lager war die Antwort auf eine Anordnung der britischen Regierung, nach der alle Deutschen, die sich in England aufhielten, in Schutzhaft zu nehmen sind. Nun wurden im Gegenzug alle männlichen britischen Staatsangehörigen zwischen 17 und 75 Jahren, ausgenommen Geistliche, Ärzte und Bettlägerige, im zentralen Internierungslager Ruhleben untergebracht. Die aus dem gesamten Reichsgebiet stammenden Insassen organisierten nach britischem Vorbild ihr unfreiwilliges Lagerdasein. Sie wählten eine Lagerregierung, der ein Lagerkapitän vorstand, der die Interessen der Internierten gegenüber der deutschen Lagerleitung zu vertreten hatte. Es entwickelte sich ein eigenes britisches Kulturleben mit Vorträgen, Lesungen, Theater, Musik und Sportveranstaltungen.

Sogar eine Lagerpost «RXD (Ruhleben Express Delivery)» wurde eingerichtet. Die reguläre Post brachte die Sendungen bis zum Lagertor, wo sie vom deutschen Wachpersonal übernommen wurde. Die Verteilung und Sammlung der Post innerhalb des Lagers übernahm der RXD. Jeder Gefangene hatte das Recht, eine Postkarte pro Woche oder zwei Briefe im Monat in die Heimat zu schicken. Postkarten und Briefpapier konnten im Lager gekauft werden. Im Lager wurden nun Briefkästen aufgestellt, die zu festen Zeiten geleert wurden, und einige Internierte betätigten sich als Briefträger. Der RXD stellte im Eigendruck Glückwunschpostkarten her und bald gab es sogar Entwertungsstempel mit Datumsangabe. Für die Dienstleistungen wurden Gebührensätze festgelegt, von denen das Personal bezahlt wurde. Der verbleibende Erlös floss in einen Hilfsfonds für bedürftige Gefangene. Als die Lagerpost auch noch eigene Briefmarken herstellte und die auch noch an Philatelisten außerhalb des Lagers verkaufte, wurde der RXD wegen Verstoß gegen das Reichspostgesetz verboten.

Erst nach Kriegsende durften die Traber wieder nach Ruhleben zurückkehren. Der Gesamtzustand war nach der Nutzung als Internierungslager, trotz Abriss der Baracken, schlecht. Zwischen 1938 und 1939 wurde die gesamte Anlage weitgehend erneuert. Es entstanden neue Ställe für 610 Pferde, Personalunterkünfte, Wirtschaftsgebäude und eine Tierklinik. Außerdem gab es nun ein Restaurant mit Platz für 660 Personen und eine neue Wetthalle, in der die Wettbegeisterten ihr Geld an 36 Schaltern einzahlen konnten, um anschließend auf den Sieg ihres Favoriten zu hoffen – oft vergeblich.

Zu dieser Zeit war die Trabrennbahn die größte Anlage Deutschlands. Ihre Blütezeit war allerdings nur von kurzer Dauer. Einige Bomben des Zweiten Weltkrieges hinterließen größere Schäden, so dass der Betrieb eingestellt werden musste. Außerdem waren in den Pferdeställen zahlreiche Heimatvertriebene untergebracht. Als im Mai 1950 die Wiedereröffnung mit einem großen Renntag gefeiert wurde, gelang es der Bahn nicht, an die Erfolge der Vorkriegszeit anzuknüpfen. Sieben Jahre drehten die Traber, vor schwindender Zuschauerkulisse, noch ihre Runden, dann war endgültig Schluss. Der Spandauer Heimatforscher Albert Ludewig entdeckte 1957 bei Grabungsarbeiten am nördlichen Laufring der Trabrennbahn, die Fundamentgräben des einstigen Ruhlebener Schlosses. Anschließend verschwand die Trabrennbahn, und es entstand in den folgenden Jahren das Klärwerk Ruhleben.

Angrenzend an das Klärwerksgelände befindet sich seit 1955 das große Tanklager der VTG (Vereinigte Tanklager und Transportmittel GmbH). Bis Kriegsende existierte hier ein riesiges Stahl- und Walzwerk. Der produzierte Stahl wurde in den benachbarten Werken der Rüstungsindustrie zu Geschützen und Panzerketten verarbeitet. Auf Befehl der britischen Militärregierung wurden die Werksanlagen nach dem Krieg demontiert. Von dem gesamten Unternehmen, das unter dem Namen «Spandauer Stahlindustrie» Rüstungsgüter produzierte, blieb nur ein großes kubisches Gebäude auf dem hinteren Teil des Tanklager-Geländes bestehen, weitgehend verdeckt von den Tankkesseln.

Nah dem Güterbahnhof Ruhleben, an der «Freiheit», sind noch zwei Barackenbauten zu entdecken, von denen der erste Bau noch zum Ruhlebener Auswanderer-Bahnhof (1901) gehörte. Nah den Gleisen standen mehrere Wellblechbaracken sowie eine Kantine und eine Wechselstube des Spandauer Bankiers Bäthge. Von November 1891 bis August 1914 spielte der Ruhlebener Bahnhof eine ganz besondere Rolle. Hier sammelten sich die aus den osteuropäischen Ländern kommenden Amerika-Auswanderer, um von hier aus mit der Bahn weiter nach Hamburg oder Bremen zu fahren, wo sie dann die Auswandererschiffe nach Übersee bestiegen. Fast täglich verließen zwei Auswandererzüge den Bahnhof zu den Hafenstädten. Da Hamburg nach der Choleraepidemie von 1892 nicht mehr bereit war, Auswanderer ohne eine vorherige Gesundheitsuntersuchung aufzunehmen, wurden alle Reisenden vom hiesigen Kreisphysikus vor der Weiterfahrt in Augenschein genommen. Danach musste jeder Reisende ein Duschbad nehmen und seine Kleidung gründlich desinfizieren lassen, wofür jeder Reisende eine Gebühr von zwei Mark zu entrichten hatte. Der Bahnhof war für weiteren Zugverkehr gesperrt, und es war den Auswanderern strikt verboten, ihn zu verlassen, bis sie mit der Kontrollkarte der Ruhlebener Quarantänestation ihren Zug bestiegen.

Am 9. September 1906 berichtete der «Anzeiger für das Havelland»: «Der Auswandererverkehr aus Russland, der, so weit er durch Deutschland geht, über die Station Ruhleben geleitet wird, hat seit Wochen einen noch nie da gewesenen Umfang erreicht. Es treffen täglich über zweitausend Personen aus dem Zarenreich ein, die sich jenseits des Ozeans eine neue Heimat suchen wollen; in Sonderzügen werden sie nach den Hafenstädten Hamburg, Bremen oder Rotterdam befördert, von wo sie ihre Seereise antreten wollen. Alle sind sie glücklich, dass sie den schrecklichen Zuständen ihres Vaterlandes entronnen sind. Unter den jüdischen Auswanderern befinden sich täglich Familien ohne ein erwachsenes männliches Mitglied: in allen diesen Fällen sind die Familienväter oder die erwachsenen Söhne usw. hingemordet worden. Es treffen oft Frauen mit sechs oder mehr Kindern ein, deren Ernährer bei den vielen Metzeleien umgekommen sind. Die Leute fahren vielfach aufs Geradewohl in das fremde Land, nur um ihr Leben in Sicherheit zu bringen. Ihr Hab und Gut haben sie zum größten Teil in Russland zurückgelassen.»

Die jährliche Zahl an Auswanderern, die sich von hier aus auf den Weg machte, schwankte von Jahr zu Jahr beträchtlich. Sie betrug 1913 mehr als 114.000 Menschen, so dass schon in Erwägung gezogen war, eine weitere Anlage in Wustermark einzurichten. Dazu kam es aber nicht mehr, da der Ausbruch des Ersten Weltkrieges den Strom der «Europamüden» stoppte.

Die ehemalige Geschützgießerei

In diesem Teil von Spandau hatten sich zahlreiche Waffenschmieden angesiedelt. So befanden sich in unmittelbarer Nähe die Gebäude der Geschützgießerei Ost, von der noch ein roter Backsteinbau aus dem Jahr 1916 zeugt. Auf dem Gelände stand auch der Hindenburgbau, ein großes, 1917 errichtetes Fabrikgebäude für die Produktion von Rüstungsgütern. Dieser Bau wurde 1947 abgerissen. Zwischen Freiheit und Spree erstreckt sich das Grundstück der ehemaligen Königlichen Artillerie-Werkstatt, wo vor allem Lafetten und Fahrzeuge für die Feld-, Festungs- und Belagerungs-Artillerie gebaut wurden. Erhalten von den ursprünglichen Bauten sind noch ein mehrgeschossiger roter Backsteinbau, eine hell verputzte, basilikaähnliche Halle und ein gelber Backsteinbau mit drei Etagen.

Zu den großen Rüstungsbetrieben gehörte auch die Königliche Geschützgießerei, die ab 1852 auf den Stresow-Wiesen an der Spree entstand. In der neuen Fabrik wurden zunächst Geschützrohre aus Bronze gegossen, später auch eiserne jeden Kalibers. Die Spree war damals eine Produktionsgrenze. Am Nordufer waren die Fabriken der Geschossherstellung, während sich am Südufer die Werke der Geschützherstellung befanden. Wurden bis zur Jahrhundertwende die Anlagen ständig erweitert, musste nach 1918 der Rüstungsbetrieb aufgelöst werden. Der Betrieb nannte sich nun «Deutsche Werke AG» und produzierte entsprechend dem Versailler Vertrag nun zivile Güter. Äußerst erfolgreich war bald die Herstellung eines preiswerten Motorrades, dem «D-Rad». Von den alten Bauten blieb die Neue Bohrwerkstatt, ein gro-

Königliche Artillerie-Werkstätten, 1902

ßer L-förmiger Hallenbau aus gelbem Backstein, am Spreeufer erhalten. Das 1874 fertiggestellte Gebäude fällt auf durch seine Rundbogenarchitektur. Die Gestaltung der Fenstereinfassungen erinnert an venezianische Palastfassaden der Frührenaissance. Auf der anderen Spreeseite, zwischen Fluss und Zitadellenweg, entstand 1883 eine Patronenfabrik. Dicht daneben existierte bereits eine Pulverfabrik. An sie erinnert heute nur noch der Grützmachergraben, der zu den Befestigungsanlagen der Fabrik gehörte. Er mündet auf Höhe des Klärwerkes in die Spree.

Geht es nach den Planern des Wasser- und Schiffahrtsamtes Ost, dann soll demnächst die Spree zwischen Mündung und der Charlottenburger Schleuse nochmals ausgebaut werden. Ob der Ausbau Sinn macht, darf bezweifelt werden. Dafür wird er viel an Steuergeldern verschlingen und rund tausend, zum Teil alten, Bäumen das Leben kosten. Der viereinhalb Kilometer lange Abschnitt gehört zu den 1991 beschlossenen 17 Verkehrsprojekten Deutsche Einheit und sieht den Ausbau der Wasserstraßen von Hannover über den Mittellandkanal und die Havel nach Berlin zum Westhafen vor. Hier sollen einmal Schiffe bis 110 Meter Länge und sogenannte Schubverbände, die 185 Meter lang sein können, ihre Fracht von und nach Berlin bringen,

Umweltschützer hoffen, dass auf den großspurigen Ausbau letztlich doch verzichtet wird. Sie halten eine kleine Lösung – mit einem einspurigen Verkehr und Begegnungsverbot für ausreichend. Sie verweisen auch auf die aktuelle Bedarfsprognose, wonach sich nur zwei große Schubverbände begegnen werden – nicht pro Stunde, sondern pro Woche. Ob die Hoffnungen der Umweltschützer sich erfüllen werden, ist eher fraglich, zumal in diesem Zusammenhang bereits die Charlottenburger Schleuse umgebaut wurde und demnächst die Rohrdammbrücke für die Schiffsdurchfahrt angehoben werden soll.

Es ist nicht leicht, von der Spreeseite die Einmündung in die Havel zu sehen. Folgt man dem Sophienwerderweg zwischen der regulierten Spree und ihrem Ruhlebener Altarm, ist bald die spitz zulaufende Landzunge Sophienwerder erreicht, ein Gebiet, das bei weitem nicht so schön ausschaut, wie es der klangvolle Name uns vorgaukeln möchte. An der äußersten Spitze befindet sich der Wasserstraßenbauhof. Nur von dort aus ist ein Blick auf die Mündung möglich. Im Hintergrund ist die Turmhaube der St.-Nikolai-Kirche am Reformationsplatz zu erkennen. Es ist schon erstaunlich, dass die Stadt diesen Ort, an dem der wichtigste Berliner Fluss in der Havel aufgeht, so trostlos und ohne jeden Hinweis belässt. So ist es besser, von Spandauer Seite aus die Mündung zu betrachten. Dazu geht es aber erst zurück bis zur Freiheit und dann weiter zum Stresow.

Dieser war ursprünglich ein Sandwerder und gehört zu den ältesten Siedlungen im Spandauer Raum. Der Stresow wurde bereits 1330 erstmals schriftlich erwähnt. Die Straße Am Schlangengraben erinnert mit ihrem Namen an einen kleinen Spreearm, der vor langer Zeit zum Delta des Flusses gehörte und dessen Geschichte als Schlangengraben eng mit dem Ausbau Spandaus zur Festungsstadt verbunden war. Die einstigen Festungswälle am Stresow sind heute ebenso verschwunden wie der Schlangengraben. Vom Stresow führt die Charlottenbrücke, die ihren Namen seit 1722 trägt, über die Havel hinweg in die Spandauer Altstadt. Eine erste Brücke entstand 1433 und war natürlich noch aus Holz gebaut. Sie hieß, wie auch ein Nachfolgebau, Stresowbrücke. Die erste eiserne Brücke entstand 1886. Sie hatte drei Bögen zur Durchfahrt, von denen der mittlere Bogen mit einer Klappvorrichtung für größere Schiffe ausgestattet war.

Auf der anderen Havelseite befand sich bis 1880 das in die Stadtmauer eingelassene Charlottenburger Tor, das dann wenige Jahre nach Abriss der Stadtmauer verschwand. Von Berlin aus betrachtet, liegt Spandau jottwede (janz weit draußen) und jenseits der Havel. Umgekehrt trifft diese Betrachtung noch stärker zu. Die Eingemeindung der einst selbstständigen Stadt nach Groß-Berlin wurde von vielen Spandauern als Zwangsvereinigung empfunden. So fahren auch fast neunzig Jahre später die Spandauer noch immer «nach Berlin» und betonen voller Stolz, dass Spandau älter ist als das große Berlin.

Charlottenbrücke, 1915 . Fotograf: Max Missmann

Im Jahr 1197, vierzig Jahre vor Berlin-Cölln, wurde Spandau erstmals urkundlich erwähnt und erhielt 1232 das Stadtrecht. Die Besiedlungsgeschichte des Spandauer Raumes am Zusammenfluss von Spree und Havel reicht bis in die Altsteinzeit zurück. Südlich der Altstadt gab es schon im 8. Jahrhundert eine slawische Burganlage, und auch der Bereich der heutigen Zitadelle war damals schon besiedelt. Mitte des 12. Jahrhunderts eroberten die Askanier den Ort und verlegten ihn an die Stelle der heutigen Altstadt.

Spandaus Lage war sowohl für den Handel als auch für das Militär gleichermaßen interessant, was sich 1560 bis 1594 im Bau der Zitadelle niederschlug. Die folgende Entwicklung der Stadt, bis zum Ende des 19. Jahrhunderts, ist gekennzeichnet durch den Festungszwang, der die Bebauung im Festungsvorfeld stark beschränkte und die weitere bauliche Ausdehnung der Stadt an manchen Stellen behinderte. 1876 wurde die Stadtmauer um die Altstadt herum abgerissen, und erst 1903 erfolgte mit der Entfestigung Spandaus die Aufhebung der Baubeschränkungen.

Mit der Gründung einer Gewehrfabrik im Jahr 1722 entwickelte sich Spandau zur Garnisonsstadt und zu einer bedeutenden Waffenschmiede Preußens. Mit der Ansiedlung der Siemenswerke auf den östlich der Stadt gelegenen Spreewiesen gelang es erstmals in größerem Umfang, Privatindustrie nach Spandau zu ziehen. Dennoch blieb die Produktion militärischer Güter bis 1945 der bedeutendste Wirtschaftsfaktor.

Trotz Kriegsschäden und einem allzu sorglosen Umgang mit seiner Altbausubstanz in den sechziger Jahren hat sich die Altstadt recht gut entwickelt, zumal man von einigen Bausünden der Vergangenheit anscheinend gelernt hat. Eine angenehme Atmosphäre herrscht am Lindenufer, genau gegenüber der Spreemündung. Von hier sieht es aus, als ob zwei Flüsse an dieser Stelle in die Havel einmünden. Der linke Zufluss ist die begradigte Spree, während sich rechts der Ruhlebener Altarm der Spree zeigt, der nach einem Kilometer wie eine Sackgasse endet.

In der Grünanlage nah der Einmündung der Kammerstraße steht ein Mahnmal, bestehend aus einer hellen Granitmauer und einem schwarzen Granitquader auf gemeinsamer Grundplatte. Beide Elemente orientieren sich an der Form eines Synagogenbaus der, nur fünfzig Meter entfernt, am Lindenufer stand, und dessen Ecke von einem quadratischen Turm geprägt wurde. Ein tiefer Riss durchzieht den Granitblock und symbolisiert so die gewaltsame Zerstörung am 9. November 1938. Beide Steinblöcke sind durch ein verglastes Ewiges Licht verbunden. Eine Inschrift auf der Rückseite erinnert an die einstige Synagoge am Lindenufer. Bei der Grundsteinlegung für das Mahnmal, im November 1988, betonte der damalige Vorsitzende der Jüdischen Gemeinde zu Berlin, Heinz Galinski: «Das Mahnmal soll nicht Hass verbreiten noch Ressentiments wecken und mit Sicherheit nicht die Klüfte vertiefen, die in jener Pogromnacht gerissen wurden».

Die Geschichte der Spandauer Juden reicht zurück bis in das Jahr 1244. Damals hatten sich die Juden am Ausbau der mittelalterlichen Stadt rege beteiligt, wovon die «Jüdenstraße» Zeugnis ablegt. So hieß die Straße jahrhundertelang, bis sie 1938 von einer, nun «braunen» Stadtverwaltung in Kinkelstraße umbenannt wurde.

Gottfried Kinkel war der Sohn eines Pastors, der 1831 sein evangelisches Theologiestudium an der Universität Bonn begann, der er auch anschließend als Dozent für Kirchengeschichte angehörte. Als Kinkel im Frühjahr 1839 die Tochter seines früheren Lehrers kennen und lieben lernte, gab es bald Probleme. Die Beziehung wurde Stadtgespräch in ganz Bonn, da die junge Frau katholisch war und noch dazu in Scheidung lebte. Der Skandal weitete sich aus, als die Katholikin, der eine Wiederverheiratung verboten war, kurzerhand zum evangelischen Glauben konvertierte. Da der Ehemann erst 1840 in die Scheidung einwilligte und im Rheinland eine 36-monatige Karenzzeit zwischen Scheidung und Wiederverheiratung vorgeschrieben war, konnten die beiden erst 1843 heiraten. Danach war Kinkel für die theologische Fakultät der Universität nicht mehr tragbar und wurde «umhabilitiert» und der philosophischen Fakultät zugeordnet. Kinkel wirkte nun als außerordentlicher Professor für Kunst- und Literaturgeschichte an der Bonner Universität.

1848 wurde er Redakteur der Bonner Zeitung und bald auch in die preußische Kammer gewählt. Hier wird Kinkel, bedingt durch die allgemeine politische Unzufriedenheit, zur Symbolfigur derer, die eine Republik gründen wollten. So nahm er 1849 am badisch-pfälzischen Aufstand teil, in dessen Verlauf er verhaftet und später zu lebenslanger Haft verurteilt wird, während sein Freund Carl Schurz sich durch Flucht vor der Verhaftung retten konnte. Kinkel avancierte praktisch über Nacht zum Märtyrer der Revolution. In vielen Städten bildeten sich «Kinkel-Komitees», die mit Geldsammlungen seine Familie unterstützten. Kinkel war in der Spandauer Festung inhaftiert, wo es in der Nacht vom 6. auf den 7. November 1850 Carl Schurz gelang, den Freund in einer spektakulären Befreiungsaktion aus der Festung zu befreien. Beide flohen gemeinsam, erst nach London und Paris, bis sie letztlich in die USA gelangten.

Zwei Jahre später kehrte Kinkel nach Europa zurück, wo er in London als Professor für Literaturgeschichte am Hyde-Park-College lehrte, bis er später einen Lehrstuhl in Zürich übernahm. Dort starb Gottfried Kinkel am 18. November 1882, ohne dass ihm eine Amnestie des preußischen Staates zuteil wurde.

Seit Anfang der achtziger Jahre gab es immer wieder Diskussionen um eine Rückbenennung der Kinkelstraße in Jüdenstraße. Die Gegner einer Rückbenennung waren der Meinung, «dass es Gottfried Kinkel verdient hat, an dieser Stelle mit einer Spandauer Straße geehrt zu werden». Sie schlossen sich in einer «Bürgeraktion Kinkelstraße» zusammen. So folgten immer wieder erbitterte Auseinandersetzungen, die sich über fast zwanzig Jahre erstreckten. Dann, am 1. September 2002, erhielt die Straße ihren alten Namen in einem Festakt, der den Namen nicht verdiente, zurück.

Als ein weiteres Zeichen für die Bedeutung der Gemeinde kann die Existenz eines «Judenkiewer» angesehen werden, auf dem damals auch die Berliner Juden ihre Toten bestatteten. Dann kam 1510 der Berliner Judenprozess, der die Atmosphäre des friedlichen Miteinander vergiftete. Nach dem Urteilsspruch des Berliner Gerichts wurden auch zwei Spandauer Juden schuldig gesprochen und auf dem Neuen Markt vor der Marienkirche verbrannt. Das führte zur Ausweisung aller Spandauer Juden durch den Landesherren. Erst im März 1893 konstituierte sich eine selbständige Synagogen-Gemeinde zu Spandau. Sie errichteten die Synagoge am Lindenufer, Ecke Kammerstraße. Am 7. März 1906 berichtete der Anzeiger für das Havelland über einen Vortrag: «Über das Thema Synagogengesang und orientalische Musik sprach gestern Abend im Koch'schen Festsaal Herr Kantor und Gesangslehrer Otto Nathan. An der Hand einer Anzahl Musik- und Gesangsstücke orientalischer und osteuropäischer Völkerstämme, wies der Redner deren Verwandtschaft mit den hebräischen Nationalmelodien nach. Zum Schluss besprach er die Entwicklung der neuen Synagogengesänge und brachte einige sehr schöne Melodien mit Harmoniumbegleitung zu Gehör. Der Referent erwies sich als gewandter Sänger und Redner, der über ein wohl geschultes und sehr sympathisches Organ verfügt. Der Vortrag fand bei den Zuhörern ungeteilten und wohlverdienten Beifall.» Als das Gotteshaus in der Pogromnacht angezündet wurde, zerstörten die Flammen den Dachstuhl sowie das Innere des Gebäudes. Am Nebenhaus erinnert heute eine Gedenktafel an die Zerstörung.

Der Spandauer Anzeiger berichtet über die Lokale in der Altstadt um 1900: «An jeder Ecke eine Destille oder Budike. Anfang des Jahrhunderts gibt es in der Altstadt zirka 65 Kneipen, zwei bürgerliche Hotels und drei Herbergen für reisende Handwerker. Die Gastronomie Spandaus profitiert von den alleinstehenden, ledigen Frauen und den Schlafburschen, die sich außer Haus verköstigen müssen, von den Soldaten der Garnison, den durchkommenden Schiffern und den Menschen aus dem Umland, die gerade zu den Markttagen zahlreich in die Stadt kommen.»

1894 wurde gegenüber der Spreemündung am Lindenufer 17 ein Haus gebaut, in dem ein Lebensmittelhändler seinen kleinen Laden eröffnete. Zu seiner Kundschaft gehörten viele Binnenschiffer, die hier am Ufer mit ihren Kähnen auf neue Ladung warteten. Der Lebensmittelladen existierte bis 1905, dann eröffnete in den Räumen eine typische Alt-Berliner Kneipe. Der Wirt hieß Fritz Zart und führte die Gaststätte drei Jahre. Ihm folgten die Wirte Fritz Böhle und Friedrich Huth, wobei Böhle nur ein Jahr hinterm Tresen stand. In den zwanziger Jahren übernahm die tatkräftige Anna Holz, die später von den Stammgästen liebevoll «Mutter Holzen» genannt wurde, die Gaststätte und die darüber liegende Wohnung. Unter ihrer Führung blühte die Gastwirtschaft in den folgenden zehn Jahren auf. Als sie sich zur wohlverdienten Ruhe setzte, gab sie das Zepter oder

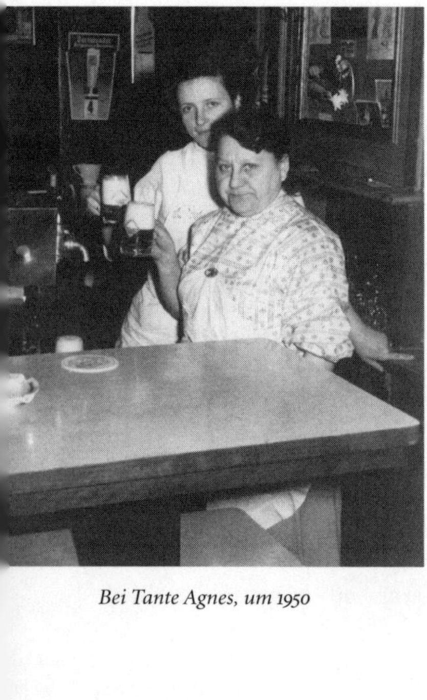

Bei Tante Agnes, um 1950

besser gesagt den Bierhahn, an ihre Tochter Agnes Meyer, geb. Holz, weiter. Das Lokal bekam nun den Namen «Schifferklause», was auch sehr gut passte, da bei «Tante Agnes», wie sie von Stammgästen genannt wurde, hauptsächlich Schiffer verkehrten.

In der Nachkriegszeit hatte die Binnenschiffahrt Hochkonjunktur und das zweite Zuhause war für viele die «Schifferklause» von Tante Agnes. Sie hatte beste Schwarzmarktverbindungen und handelte, besorgte und tauschte mit allem, was die Schiffer ihr brachten oder brauchten. Dazu gehörten auch kurzfristig verfügbare Damen, die bereit waren, mit einem Schiffer die Koje zu teilen. Zu dieser Zeit war die Straße entlang der Havel und gegenüber der Spreemündung das kleine St. Pauli von Spandau. Zeitzeugen, die nicht genannt werden möchten, berichten, dass am Lindenufer nach Einbruch der Dunkelheit auch Frauen aus der Nachbarschaft entlangflanierten, die für eine Tafel «Karina» oder ein paar Perlonstrümpfe gerne bereit waren, den Flussfahrern, das Festmachen am Lindenufer zu versüßen. Die «gehobene Klasse» durfte für eine kleine Vermittlungsgebühr sogar die Wohnung von Tante Agnes, über dem Schankraum, benutzen. Das Ganze zahlte sich so auch für die Wirtin aus, die dann bei den Sonntagsrennen auf der Trabrennbahn Mariendorf einen Teil ihrer Einnahmen auf vierbeinige Pferdchen setzte. Warum sie den von Spandau aus recht weiten Anfahrtsweg nach Mariendorf wählte und nicht die damals noch bestehende Trabrennbahn Ruhleben besuchte, ist nicht überliefert aber vermutlich wollte sie an diesen wenigen freien Tagen lieber unerkannt bleiben.

Mit dem Bau der Mauer kam 1961 der große Einbruch. Außerdem übernahmen mehr und mehr Lastwagen die Transporte, die zuvor die Binnenschiffer ernährten. Ihre Flaute brachte auch die flotten Geschäfte von Tante Agnes zum Erliegen. Krank und verarmt verstarb sie am 23. Oktober 1975. Mit ihr ging ein Stück Berliner Kneipengeschichte zu Ende. In der Erinnerung vieler Spandauer lebt sie aber weiter, «die Zügel stets fest in der Hand, trotzdem warmherzig und hilfsbereit.» Neue Wirtsleute übernahmen 1982 die völlig heruntergekommene Kneipe. Eine Treppe verbindet heute den Gastraum mit der ehemaligen Wohnung von Tante Agnes. Da Binnenschiffer immer seltener am Lindenufer festmachen, gaben sie dem Altberliner Restaurant den neuen Namen «Stube & Küche», der Altberliner Bezeichnung für minderwertige Einzimmer-Wohnungen mit Außenklo. An Tante Agnes erinnert aber noch das Bier vom Fass, denn da läuft vom Hahn «Tante Agnes' Havelpils».

Hier am Lindenufer verabschiedet sich die Spree aus dem Stadtbild. Ein letzter Blick fällt auf die Mündung. Links der künstlich gegrabene Wasser-

Spreemündung, links die schmale Havel, rechts dei mächtige Spree, 1951

lauf, rechts der Altarm und in der Mitte die Landspitze von Sophienwerder. Genau gegenüber der Spandauer Altstadt endet die Spree und verbindet sich mit dem Wasser der Havel, die nun weiterfließt über Werder, Rathenow und Brandenburg, um dann hinter Havelberg bei Werben in der Elbe aufzugehen. 398 Kilometern hat die Spree von der Quelle am Kottmar bis hierher zurückgelegt und ist dabei 48 Kilometer quer durch Berlin und unter 57 Brücken hindurchgeflossen.

Wir wollen als Berliner nicht kleinlich sein, wenn wir uns die Mündung noch einmal genauer anschauen. Wir könnten sonst überrascht feststellen, dass die Havel, die fortan den Namen des weiteren Flusslaufes für sich beansprucht, hier nicht nur schmaler, sondern auch weniger wasserreich ist. Hinzu kommt, dass sie von ihrem Quellgebiet bei Neustrelitz bis nach Spandau gerade einmal 193 Kilometer zurückgelegt hat. Eigentlich könnte von hier an die Havel auch Spree heißen – Tschüss Spree.

Quellenhinweise

Bark, Willy: Chronik von Alt-Westend; Berlin 1936
BEHALA (Hrsg.): 50 Jahre Hafenstadt Berlin; Berlin 1964
BEHALA (Hrsg.): 75 Jahre BEHALA, 75 Jahre Westhafen; Berlin 1998
BEHALA (Hrsg.): 80 Jahre BEHALA – zwischen damals und heute; Berlin 2003
Berliner Festspiele und Architektenkammer Berlin: Berlin: offene Stadt; Berlin 1999
Berliner Geschichtswerkstatt (Hrsg.): Landgang in Berlin, Stadtgeschichte an Landwehrkanal und Spree; Berlin 1987
Berliner Geschichtswerkstatt (Hrsg.): Vom Oberbaum zum Unterbaum, Stadtgeschichte an der Spree; Berlin 1991
Bezirksamt Spandau von Berlin: Aussenlager Spandau, Das Konzentrationslager bei der Deutsche Industrie-Werke AG; Berlin 1990
Bezirksamt Steglitz von Berlin (Hrsg.): Steglitz – das größte Dorf Preußens, Ausstellungskatalog; Berlin 1987
Bezirksamt Treptow von Berlin (Hrsg.): Die verhinderte Weltausstellung, Beiträge zur Berliner Gewerbeausstellung 1896; Berlin 1996
Bienert, Michael (Hrsg.): Joseph Roth in Berlin, Ein Lesebuch für Spaziergänger, Köln 1996

Conradt, Gerd: An der Spree, Der Fluss Die Menschen; Berlin 2005

Dreppenstedt, Hinnerk; Esche, Klaus (Hrsg.): Ganz Berlin, Spaziergänge durch die Hauptstadt; Berlin 2001

Eckhardt, Ulrich: Der Moses Mendelssohn Pfad; Berlin 1987
Endlich, Stefanie; Lutz, Thomas: Gedenken und Lernen an historischen Orten; Berlin 1995

Fontane, Theodor: Von Zwanzig bis Dreißig; Berlin 1982
Fontane, Theodor: Der Stechlin; Köln 1994
Fontane, Theodor: Wanderungen durch die Mark Brandenburg (Bd. 3 u. 4); Frankfurt a. M. 1989
Friedrich, Nikolaus: Aust. Kat. Gestern noch auf hohen Sockeln. Berliner Skulpturen des 19. Jahrhunderts; Berlin 1974

Götze, Heinz: 398 Kilometer Spree, Von den Quellen in der Oberlausitz bis zur Mündung in Spandau; Berlin 1993
Groggert, Kurt: Personenschiffahrt auf Spree und Havel; Berlin 1988
Groggert, Kurt: Spreefahrt tut not! Berliner auf dem richtigen Dampfer; Berlin 1972
Großer, Marika (Hrsg.): Die Mark Brandenburg, Heft 54; Berlin 2004

Heilborn, Adolf: Reise nach Berlin; Berlin 1925
Hofmeister, Burkhard; Möbius, Dina (Hrsg.): Exkursionen durch Berlin und sein Umland; Berlin 1992
Huret, Jules: Berlin um Neunzehnhundert; Berlin 1979
Huret, Jules: Berlin wie ich es sah, Reisebilder von der Jahrhundertwende; Berlin 1999

Karwelat, Jürgen: «Insel» Moabit, Eine Dreiviertel-Rundfahrt mit dem Schiff; Berlin 1986
Kisch, Egon Erwin: Der rasende Reporter; Berlin 1972
Klünner, Hans-Werner: Spandau und Siemensstadt, so wie sie waren; Düsseldorf 1978
Köhler, Horst: Der Teltowkanal, Eine Lebensader im Süden Berlins; Berlin 2000
Kreis d. Freunde u. Förderer des Heimatmuseums Spandau (Hrsg.): Quer durch Spandau aus historischer Sicht; Berlin 1994
Kubisch, Ulrich; Schwirkmann, Peter: Technik Denkmäler in Berlin; Berlin 1993
Kulturring in Berlin e. V. (Hrsg.): Hier können Familien Kaffee kochen! Treptow im Wandel der Geschichte; Berlin 1996

Landesarchiv Berlin (Hrsg.): Zwischen Oberspree und Unterhavel, Von Sport und Freizeit auf Berlins Gewässern; Berlin 1985

Marker, Johann: Ernst von Pfuels Leben und Wirken in Berlin; Sonderdruck a. d. Jahrbuch für brandenburgische Landesgeschichte Bd. 30/1979
Martins, Norbert: Giebelphantasien – Berliner Wandbilder; Berlin 1989
Müncheberg, Matthias J.: Bordbuch Berlin 2005, Der praktische Wassersport-Reisebegleiter durch die maritime Bundeshauptstadt; Berlin 2005

Nalli-Rutenberg, Agathe: Das alte Berlin; Berlin 1912
Natzschka, Werner: Berlin und seine Wasserstraßen; Berlin 1971
Nicolai, Friedrich: Beschreibung der Kgl. Residenzstädte Berlin und Potsdam, aller daselbst befindlichen Merkwürdigkeiten und der umliegenden Gegend; Berlin 1786

Pauli, Frank: Bimmel-Bolle, Ein christlicher Unternehmer in Berlin; Berlin 2000
Petras, Renate: Die Bauten der Berliner Museumsinsel; Berlin 1987
Pittke, Andrea Sybille: Berlin, Kunst und Kneipen an Spree und Havel; München 1997
Pomplun, Kurt: Großes Berlin Buch; Berlin 1985
Presse- und Informationsamt des Landes Berlin (Hrsg.): Berlin Handbuch, Das Lexikon der Bundeshauptstadt; Berlin 1992

Schulz, Elke (Hrsg): Spandauer Heimatkalender; Berlin 2005
Sichelschmidt, Gustav: Spandau in alten Ansichten; Zaltbommel (NL) 1976
Sportmuseum Berlin (Hrsg.): Sport in Berlin; Berlin 1991
Stadtgeschichtliches Museum Spandau: Grundlinien der Spandauer Geschichte; Berlin
Stiftung Stadtmuseum Berlin (Hrsg.): Eduard Gaertner 1801-1877, Ausstellungskatalog; Berlin 2000
Stollowsky, Christoph: Geheime Orte, Verwunschene Ecken verborgene Stätten; Berlin 1996

Thieme, Bernhard (Hrsg.): Berliner Biographisches Lexikon; Berlin 1993
Trinius, August: Am grünen Strand der Spree; Minden 1885
Trost, Heinz: Zwischen Havel, Spree und Dahme; Hamburg 1979

Uhlemann, Hans-Joachim: Berlin und die Märkischen Wasserstraßen; Berlin 1994

Voß, Karl: Reiseführer für Literaturfreunde – Berlin; Frankfurt/M. – Berlin 1980
Voss, Sophie Marie Gräfin von: Neunundsechzig Jahre am Preußischen Hofe; Leipzig 1887

Wasserstadt GmbH (Hrsg.): Wasser in der Stadt, Perspektiven einer neuen Urbanität; Berlin 2000
Weinland, Martina: Wasserbrücken in Berlin, Zur Geschichte ihres Dekors; Berlin 1994
Wolff, K.; Heerwagen, D.: Entdeckungen links und rechts der Spree; Berlin 1997
Wolters, Rita (Hrsg.): Den Frauen nach, Ein Spaziergang am Landwehrkanal; Berlin 2000

Zedlitz, L. Freiherr von: Neuestes Conversations-Handbuch für Berlin und Potsdam; Berlin 1834
Zelle, Uli (Hrsg.): Berlin am Meer, Eine Stadt in ihrem Element; Berlin 2000

Zeitungen

Anzeiger für das Havelland: 23. Januar / 7. März / 6. April / 9. September 1906
Brandenburger Blätter: 14. Mai 1999

Bildquellen

Archiv des Autors: Seiten 11, 13, 19, 37, 39, 43, 49, 51, 71 oben, 89, 112, 113, 117, 132
Cora Geißler: Seite 35
Heimatarchiv Charlottenburg: Seite 120
Heimatmuseum Treptow: Seiten 27, 31
Landesarchiv Berlin, Fotosammlung: Seiten 57, 67, 68, Fotograf F. Albert Schwartz: Seite 71 oben, Fotograf Waldemar Titzenthaler: Seite 73
Sammlung Bernhard Albrecht: Seiten 121, 123, 125, 128, 129, 140
Stiftung Stadtmuseum Berlin: Seiten 23, 40; Fotograf Max Missmann: Seiten 59, 63, 65, 69, 72, 82, 111, 135; Fotograf F. Albert Schwartz: Seiten 66, 101
Detlef Petereit: Seite 138
Verlag: Seiten 95, 97, 100, 102, 103,

Carl-Peter Steinmann, 1946 in Lerbeck/Westfalen geboren, lebt als Autor in Berlin. Im :Transit Verlag erschien zuletzt «Von Karl May zu Helmut Newton. Spurensuche in Berlin» (2006).

Foto: Norbert Martins

Lesen Sie weiter

168 Seiten, gebunden, fadengeheftet
Zahlreiche, z.T. vierfarbige Abbildungen

»Erzählt wird vom Fluß und von Menschen, die durch ihre Arbeit, ihren Alltag, ihre Erinnerungen mit ihm verbunden sind.«
Die Zeit

»Eine gelungene Liebeserklärung an die alte junge Dame – die Spree.«
Der Tagesspiegel

Panorama der Spree
vom Müggelsee bis
zur Jannowitzbrücke.
Berlin 1892

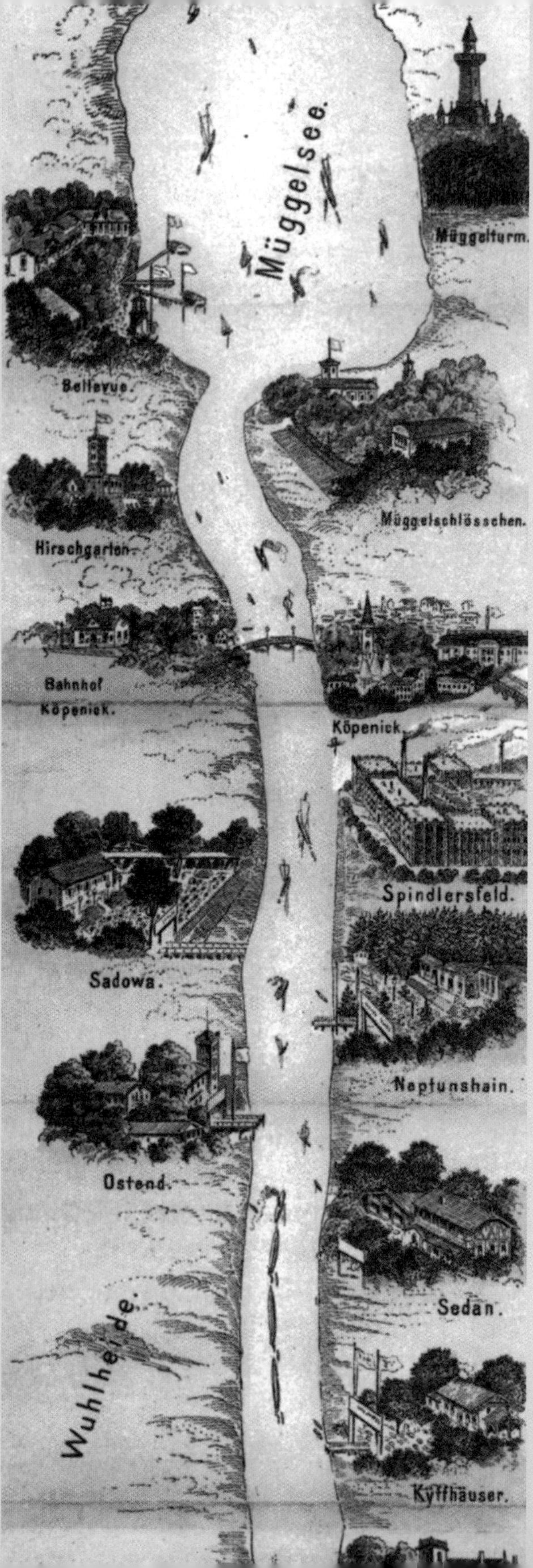